Springer
*Berlin
Heidelberg
New York
Barcelona
Budapest
Hongkong
London
Mailand
Paris
Santa Clara
Singapur
Tokio*

Evelyn Heinemann

■Aggression

Verstehen und bewältigen

Springer

Mit 13 Abbildungen

ISBN 3-540-60550-9
Springer-Verlag Berlin Heidelberg New York

Dieses Werk ist urheberrechtlich geschützt. Die dadurch begründeten Rechte, insbesondere die der Übersetzung, des Nachdrucks, des Vortrags, der Entnahme von Abbildungen und Tabellen, der Funksendung, der Mikroverfilmung oder der Vervielfältigung auf anderen Wegen und der Speicherung in Datenverarbeitungsanlagen, bleiben, auch bei nur auszugsweiser Verwertung, vorbehalten. Eine Vervielfältigung dieses Werkes oder von Teilen diese Werkes ist auch im Einzelfall nur in den Grenzen der gesetzlichen Bestimmungen des Urheberrechtsgesetzes der Bundesrepublik Deutschland vom 9. September 1965 in der jeweils geltenden Fassung zulässig. Sie ist grundsätzlich vergütungspflichtig. Zuwiderhandlungen unterliegen den Strafbestimmungen des Urheberrechtsgesetzes.

© Springer-Verlag Berlin Heidelberg 1996
Printed in Germany

Redaktion: Ilse Wittig, Heidelberg
Umschlaggestaltung: Bayerl & Ost, Frankfurt
unter Verwendung einer Illustration von Paul Leith, London
Innengestaltung: Andreas Gösling, Bärbel Wehner, Heidelberg
Herstellung: Andreas Gösling, Heidelberg
Satz: Datenkonvertierung durch Springer-Verlag
Druck: Druckhaus Beltz, Hemsbach
Bindearbeiten: J. Schäffer GmbH & Co. KG, Grünstadt
67/3134 – 5 4 3 2 1 0 – Gedruckt auf säurefreiem Papier

Inhaltsverzeichnis

1 Einleitung 1

2 Michael G., 21 Jahre 3

3 Wie entsteht Aggression? 15
Verhaltensforschung 15
Frustrations-Aggressions-Theorie 19
Lerntheorie 21
Psychoanalyse 25

4 Formen der Aggression 34
Aggression 34
Autoaggression 36
Perversion 49

5 Aggression bei Männern und Frauen ... 55
Wie lassen sich die Geschlechtsunterschiede
erklären? 55
Männliche und weibliche Identifikationslinien .. 60

**6 Aggressives Verhalten
in verschiedenen Kulturen** 63
Jamaika 63
Palau 82

7 Aggression in der Überflußgesellschaft .. 94

8 Aggression in der Masse 99
Krieg 99
Hexenwahn 102
Rechtsradikalismus heute 109

9 Therapeutische Ansätze 117
Lerntheorie 117
Psychoanalyse 124
Anti-Aggressivitäts-Training 138

10 Den Teufelskreis überwinden 1434

Literatur 146

Sachverzeichnis 152

1 Einleitung

Aggressives Verhalten ist zu einem hohen Maß ein kulturelles Problem geworden. Gewalt in der Schule, Gewalt von Kindern gegenüber Eltern, von Eltern gegenüber ihren Kindern, Kriminalität, religiöse Kriege und Bürgerkriege – die Medien sind voll von Berichten hierüber.

Das vorliegende Buch versucht der Frage nach der Entstehung von Aggression, den offenen und versteckten Formen von Aggression sowie dem Problem der Geschlechtspezifität nachzugehen. Gerade der Kontrast mit zwei extrem verschiedenen Kulturen, Jamaika und Palau, kann beleuchten, wie Aggression durch Sozialisationsbedingungen gefördert oder bewältigt wird, wie unterschiedlich Frauen und Männer Aggression äußern können. Bei aller Differenz werden aber auch erstaunliche Gemeinsamkeiten zum Ausdruck kommen.

Aggression kann individuell, aber auch in der Gruppe oder als Massenphänomen geäußert werden. Wie können wir uns solche Phänomene psychologisch vorstellen? Die Überflußgesellschaft, der Krieg, der Hexenwahn und das Phänomen des Rechtsradikalismus heute sollen einige Antworten hierauf geben.

Die vorliegende Studie beginnt mit der wörtlichen Wiedergabe von Äußerungen eines rechtsradikalen Gewalttäters über sein Leben und seine Gefühle. Die Schilderung seiner Taten habe ich aus Gründen der Wahrung seiner Anonymität ausgelassen. Die Gespräche begannen im Rahmen eines Forschungsprojektes und führten zu einer einjährigen Therapie bei mir, die ich in einem bundesdeutschen Gefängnis durchführte. Das letzte Kapitel wird dann die therapeutischen Möglichkeiten darstellen und kritisch beleuchten.

2 Michael G., 21 Jahre

Die ganze Entwicklung hat mit dem Umzug von A. nach B. begonnen. In A. hatte ich viele Freunde. Der Umzug nach B. hat mich völlig aus der Bahn geworfen. In der neuen Stadt hatten mich alle Jugendlichen abgelehnt. Meine Eltern arbeiteten jetzt bis spät abends, hatten keine Zeit mehr und ständig Streit wegen der neuen Wohnung. Mein Vater schlug meine Mutter und auch mich immer wieder. In der neuen Schule hatte ich keine Freunde. Ich war ein Einzelgänger.

In der neuen Schule habe ich mich von den Ausländern bedroht gefühlt. Die waren stärker und haben Schutzgelder von deutschen Schülern genommen (Abb. 1). Die haben mich wie den letzten Dreck behandelt. Die Deutschen waren der letzte Dreck. Ich habe mich schon immer wie der letzte Dreck gefühlt, ich war immer sehr einsam (er beginnt zu weinen).

Es ist mir peinlich, so zu weinen. Ich habe auch als Kind viel geweint. Jetzt denke ich oft, daß es überhaupt keinen Sinn macht zu weinen. Wenn mein Vater nüchtern war, war er ganz in Ordnung. Wenn er aber getrunken hatte, schlug er mich oft brutal zusammen. Er schlug mich brutal und schloß mich dann ins Zimmer ein. Ich mußte oft stundenlang warten, bis er mich wieder herausließ.

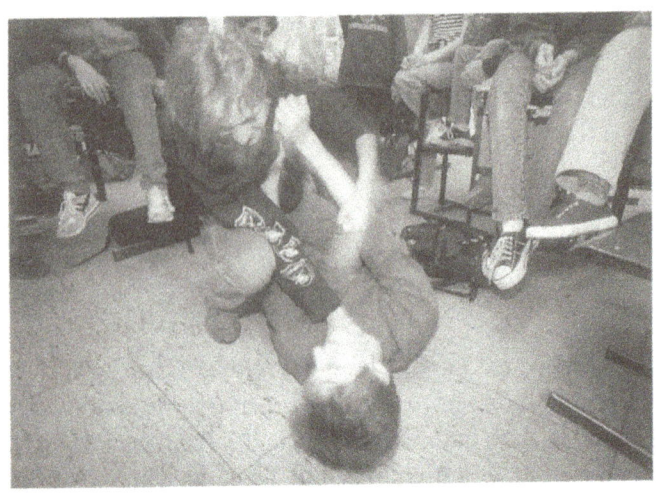

Abb. 1. Schlägerei im Klassenraum (© Thomas Raupach, argus-Fotoarchiv).

Wenn ich mich jetzt schlage, kann ich meinen Haß einfach nicht mehr kontrollieren. Ein Ausländer drohte mir: »Du Nazi-Schwein, morgen komme ich, und dann bekommst du Dresche«. Ich bekam einen totalen Angstanfall und habe einen Gegenstand genommen und auf ihn eingeschlagen. Ich war eigentlich völlig gefühllos in dieser Situation. Es gab nur einen kurzen Augenblick als dieser Ausländer auf dem Boden lag und wimmerte: »Bitte, bitte tu mir nichts, bitte schlag mich nicht«. Dieses »bitte, bitte« hatte mich an Situationen erinnert, wo ich als Kind auf dem Boden lag und mein Vater mich halb tot schlug. Ich hatte auch immer »bitte, bitte schlag mich nicht« gesagt.

Mein Haß ist mir eine Hilfe gegen die Angst. Wenn ich hasse, habe ich keine Angst mehr und fühle mich wie tot. Nach einer Schlägerei fühle ich mich befreit und denke, das war notwendig und richtig so. Erst viel später denke ich dann darüber nach und habe Schuldgefühle. Nach dem Kampf mit einem Ausländer hatte ich gedacht, ich hätte ihn töten müssen. Viel später hatte ich dann die Phantasie zu dem Ausländer zu gehen, an der Türe zu klingeln und, wenn er heraus käme, meine Brust hinzuhalten. Der Ausländer würde dann ein Messer nehmen und es auf meine Brust setzen. Er würde dann aber nicht zustechen und mir verzeihen. Ich wäre überglücklich.

Ich kann mir überhaupt nicht vorstellen, eine Frau zu haben. Wenn ich eine Frau hätte, könnte ich nicht mehr so sein, wie ich jetzt bin. Dann könnte ich diesen Haß nicht mehr haben. Ich hatte mich immer zurückgezogen und nie eine Freundin gehabt oder mit Frauen gesprochen. Meine Eltern hatten mich eigentlich ermuntert, mir eine Freundin zu suchen. Ich hatte aber das Gefühl, es nicht zu können. Ich hatte auch ein Lieblingslied, das handelte von der Liebe.

Alles ist so aussichtslos. Für mich gibt es keine Zukunft. Man kann nichts ändern, die Umweltzerstörung zum Beispiel. »Deutschland den Deutschen«, das müßte ein Land sein ohne Industrie und ohne Umweltzerstörung. Ein paar Ausländer könnten da auch leben, nur nicht so viele. Der Natur ginge es gut und man würde sich wohlfühlen, wie in früheren Jahrhunderten. Es wäre nicht so wie heute.

Eigentlich habe ich gar nichts gegen Ausländer. Ich weiß nicht, was mit mir los ist. Manchmal sind Ausländer meine Freunde und manchmal nicht. Ich weiß nicht, wer ich selbst bin. Vor der einen Tat hatte ich einen ausländischen Freund. Wir hatten viel zusammen gemacht. Die deutschen Jugendlichen aus dem Stadtteil haben mich in dieser Zeit gemieden und mißachtet. Ich hatte aber zu meinem Freund gehalten. Dann hatte er sich mit einem anderen deutschen Jugendlichen angefreundet und wollte plötzlich nichts mehr von mir wissen. Ich war sehr enttäuscht. Danach haben mich die Ausländer immer mehr als Nazi beschimpft. Ich habe mich dann in der Phantasie immer mehr den Nazis zugehörig gefühlt. In der Realität blieb ich Einzelgänger. Eigentlich wußte ich nicht, wo ich hingehöre. Von den Deutschen wurde ich bedroht und von den Ausländern wurde ich enttäuscht. Ich bekam immer mehr Haß. Dann hatte ich die Bilder im Fernsehen gesehen, wo sich die Asylbewerber über das Essen beschweren. Das hatte mich in ungeheuren Zorn versetzt. Die bekommen hier Unterkunft und zu essen und sind derart undankbar. Das kann ich einfach nicht verstehen. Das macht mich furchtbar wütend.

Es ist alles so hoffnungslos. Ich denke manchmal an Selbstmord, aber ich möchte niemand diesen Gefallen tun. Ich habe gehört, daß der 16jährige, der den Brandanschlag in Mölln gemacht hat, einen Selbstmordversuch unternommen hat. Es ist so grausam, man weiß doch gar nicht, ob er die Menschen wirklich hatte töten wollen. Jetzt denken gerade die Linken »Schade, daß der Selbstmord nicht geklappt hat«. Sie denken, daß er eigentlich kein Recht auf Leben hat. Keiner gibt ihm eine Chance. Ich kann mir nicht vorstellen, mich umzubringen, weil ich niemand diese Genugtuung gönne. Es ist so furchtbar, ich habe so gar keine Zukunft. Das allerschlimmste (fängt an zu weinen) ist die Zerstörung der Umwelt. Alle Bäume gehen kaputt und die schrecklichen Stürme, die jetzt immer öfter auftreten, sind auch nur Ausdruck dieser Umweltzerstörung. Mein Vater hatte einmal eine kleine Buche aus dem Wald mitgebracht und im Garten gepflanzt. Sie ist jetzt gewachsen und ich habe immer Angst, daß der Baum bei den Stürmen kaputt geht. Diesen Baum liebe ich sehr. Es ist das schlimmste, daß sich überhaupt niemand darum kümmert, daß die Umwelt zerstört wird. Die Menschen sind so grausam. Ich habe mich schon als Kind sehr für die Natur interessiert. Ich habe einen Traum von Deutschland, in dem alles übersichtlich ist, wo man sich wohl fühlt und die Umwelt nicht zerstört wird.

Ich war einmal Mitglied von Greenpeace (strahlt hoffnungsvoll). Ich habe viele Briefe geschrieben an Industriebosse und an deren Vernunft appelliert, doch mit der Umweltzerstörung aufzuhören. Heute schäme ich mich, wenn ich an diese Briefe denke. Dann erscheinen mir all diese Dinge so sinnlos und ohne Zukunft und mein Haß ist wieder da. Da habe ich mich eben wieder dem rechten Gedankengut zugewandt, weil es doch alles gar keinen Sinn macht (sein Gesichtsausdruck verfinstert sich schlagartig).

Ich habe mich immer bedroht gefühlt, sowohl von den Nazis, die ich eigentlich zutiefst ablehne, als auch von den Ausländern. Ich lehne die Ausländer ab und dann bin ich wieder mit Ausländern befreundet. Dann wünsche ich mir wieder die Nazis als Freunde. Das waren aber immer Phantasien, weil ich ein Einzelgänger bin. Eigentlich lehne ich den Nationalsozialismus ab. Als der Ausländer nichts mehr von mir wissen wollte, bin ich herumgelaufen und habe Hakenkreuze an die Wände gemalt und Sprüche wie »Ausländer raus« und »Ausländer gehören vergast«.

Den Haß habe ich schon in der Schule gehabt, vor allem auf zwei Ausländer, die besonders stark waren. Die haben mich behandelt wie den letzten Dreck. Die Ausländer sind so stark, weil sie immer in Gruppen sind und zueinander halten. Diese beiden Ausländer hatten mich gedemütigt, mir »Kopfnüsse« gegeben und mich »Kleiner« genannt. Der eine hatte mir dann einen brennenden Zigarettenstummel ins Gesicht geschnippst. Dieses abwertende, überhebliche Verhalten, das hat in mir einen ungeheuren Haß erzeugt. Die Ausländer sind so männlich und überheblich. Im Grunde sind sie in ihrer Entwicklung weiter als die Deutschen. Sie sind stärker und männlicher, sie haben mich immer herumkommandiert. Diesen Ton habe ich nicht ertragen können, so als ob ich ein kleiner, dummer Junge wäre. Nach der Szene mit dem Zigarettenstummel ist mein Haß sehr groß gewesen und, als ich eine Fernsehsendung gesehen hatte über Jugendliche, die wie Hitler aussahen, habe ich mich auch wie Hitler frisiert. Mit Hitler hatte das weniger zu tun, ich wollte so sein wie diese Jugendlichen heute. Ich habe dann eine Liste angefertigt über die Ausländer, die ich am meisten haßte. An oberster Stelle waren diese beiden Ausländer. Ich überlegte mir, wie man gegen die vorgehen kann. Ich habe dann oft nachts nicht schlafen können und überlegt, was ich machen könne. Körperlich zuzuschlagen traute ich mich in dieser Zeit noch nicht.

Die Ausländer hatten in der Schule Schutzzölle verlangt und ein Deutscher, ein etwas schmächtiger Freund, wurde mit mir zusammen in ein kellerähnliches Gebäude geschleppt. Es war sehr dunkel. Jedenfalls hatte einer der Ausländer von dem Deutschen verlangt, daß er sich hinkniet und ihm das Geld gibt. Ich glaube, er hatte dem einen blasen müssen, das sah ganz genau so aus, als ob er ihm hätte einen blasen müssen. Da habe ich einen ungeheuren Haß auf diesen Ausländer bekommen, das war das Schlimmste. Das furchtbarste an den Ausländern ist dieses Machogehabe und daß sie so überhaupt keine Toleranz haben, z.B. gegen Homosexuelle oder Lesben. Das versetzt mich in ungeheuren Haß. Es ist eigentlich gar nicht das Schlagen, das mich so in Haß versetzt, die körperliche Bedrohung, sondern diese anderen Dinge, die mich so voller Haß machen. Die Ausländer haben auch die Frauen wie den letzten Dreck behandelt. Deutsche Frauen sind nur Huren in deren Augen. In der Schule gab es ein Mädchen, die hatte mit den Ausländern geschlafen und scheinbar wurde sie gut behandelt, hofiert, aber dann sind sie sehr abwertend über das Mädchen hergezogen, daß sie eben nur eine Hure wäre.

Im Grunde bin ich schlimmer als mein Vater. Mein Vater hatte mich immer nur mit den Händen geschlagen und nie Gegenstände benutzt. Wenn ich jetzt diesen Wunsch habe zu töten, nehme ich Gegenstände, eine Eisenstange oder das Messer. Mein Vater ist auch immer von seinem Vater geschlagen worden. Der Großvater, der war wahrscheinlich bei der SA. Ich weiß es nicht so genau. Jedenfalls hatte er den Vater immer mit einem Gürtel oder einem Stock geschlagen. Mein Vater hat mir davon erzählt, wie furchtbar das war.

In der Anfangszeit, als ich noch nicht zuschlagen konnte, bin ich mit einem Freund herumgelaufen und habe mir schwache Deutsche zum »Üben« ausgesucht. Wir hatten diverse Prügeleien angezettelt, und ich habe zuschlagen gelernt. Das hatte ich wirklich erst lernen müssen, die Hemmung zu überwinden. Mit Ausländern wäre mir das nicht gelungen. Das ging nur bei Deutschen, vor denen hatte ich nicht eine solche Angst.

Bei mir ist das immer getrennt. Entweder hasse ich total oder ich habe jemand total gern, etwas dazwischen, das gibt es bei mir nicht. Mein Haß ist zu schlimm, und ich bin eigentlich froh darüber. Ich hatte mir immer vorgenommen »du mußt hassen«. Haß ist eine ungeheure Erleichterung. Haß ist angenehmer als dieses Gefühl der Bedrohung, das ich sonst erlebe. Ich habe mir diesen Haß richtig angelernt und mir immer wieder gesagt »du mußt jetzt hassen, du mußt so aggressiv sein«.

Es ist merkwürdig, als ich diese Hitler-Frisur gehabt habe, hatte mein Vater einmal zu mir gesagt, daß es komisch wäre, ich würde ihn an seinen Vater erinnern. Ich hatte mir dann überlegt, ob ich die Frisur anders machen soll, weil ich nicht wollte, daß der Vater ein so schlechtes Verhältnis zu mir hat, wie zu seinem eigenen Vater.

Ich hatte als Kind furchtbare Alpträume. Ich hatte immer Angst, ins Bett zu gehen. In den Träumen bin ich immer von Gespenstern, hauptsächlich von Werwölfen, verfolgt worden. Oft hatten diese Werwölfe zuerst das Gesicht meines Vaters und haben sich dann in Wölfe oder andere grausame Tiere verwandelt. Ich hatte immer versucht zu flüchten. Manchmal bin ich ganz klein geworden und geflohen und immer im schlimmsten Augenblick, wenn die Wölfe mich fast erreicht hatten, bin ich voller Angst aufgewacht.

Ich habe mich immer zwingen müssen zu hassen. Mit einem glühenden Draht habe ich mir das Wort »Haß« in die Haut eingeritzt.

Es ist besser Täter zu sein als Opfer. Meinen Vater habe ich sehr gemocht, er war aber so unberechenbar, wenn er betrunken war. Im Grunde mache ich das, was der Vater von mir will. Der Vater hatte auch immer gemacht, was der Großvater ihm gesagt hatte. Ich habe dann die Lehre in dem Beruf, den mein Vater für mich aussuchte, begonnen.

Ich hatte immer Todesangst. Der Vater hatte oft gedroht, die Familie umzubringen. Es gab immer wieder Streitereien zwischen der Mutter und dem Vater. Der Vater hatte die Mutter sogar blutig geschlagen, ihr oft unterstellt, daß sie etwas mit anderen Männer hätte. Ich bin dann manchmal dazwischen gegangen, wenn die Mutter mich um Hilfe gerufen hatte. Vom Vater hatte ich dann einen Tritt in den Arsch bekommen und bin verprügelt worden. Als ich älter wurde, habe ich mir manchmal die Ohren zugehalten und versucht, nicht mehr einzuschreiten, mich nicht mehr darum zu kümmern. Mein Vater hatte auch gedroht, die Mutter umzubringen, sie im

Keller einzuzementieren. Es gab eine Zeit, da habe ich ein Messer mit ins Bett genommen, um mich zu verteidigen

Es ist komisch, aber eigentlich fühle ich mich selbst wie ein Ausländer. Mit Ausländern kann ich irgendwie ganz anders reden. Die Deutschen sind so kalt und abweisend. Ich kann das nicht genau beschreiben, aber irgendwie fühle ich mich zu den Ausländern hingezogen. Die sind so emotional und die haben einen solchen Gruppenzusammenhalt, da hält jeder mit jedem zusammen. Ich verstehe mich mit den Ausländern eigentlich am Anfang immer sehr gut. Da ist die gleiche Wellenlänge und die starke Emotionalität.

Ich bin eigentlich immer mißtrauisch und habe Angst, daß man mich schlagen will. Ich habe immer Angst vor den Ausländern, weil sie mich anfassen wollen. Der eine Ausländer faßt mich immer am Knie an, das will ich nicht. Ich kann mich aber nicht wehren und es auch nicht sagen, weil ich nicht weiß, wie er dann darauf reagiert. Ein älterer Deutscher hatte das auch einmal gemacht, aber ich habe ihn dann so böse angeschaut, daß er gemerkt hatte, daß ich das nicht will, und jetzt macht er das nicht mehr. Ich weiß nicht genau, was die Ausländer wollen und was sie denken, ob sie denken, daß ich schwul bin. Ich kann aber nicht darüber reden, dann würden sie ja vielleicht denken, daß ich diese Phantasien habe, weil ich schwul bin und das wäre mir peinlich. Ich kann die Grenze nicht erkennen. Sie halten oft die Hände und umarmen sich. Der eine Ausländer streicht mir immer über die Haare und greift an die Innenseite der Oberschenkel. Ich kann mich nicht wehren, bin dann aber aggressiv und eiskalt. Wenn ich weich würde, würden sie denken, ich wäre weiblich und schwul. Deshalb muß ich aggressiv sein. Es ist komisch, Ausländer denken immer, ich sei schwul. Einmal hatte ich im Auto gesessen und ein Ausländer wollte etwas aus dem Auto nehmen und hat mir zwischen die Beine gegriffen. Als ein Ausländer mal zu mir sagte: »Nazi-Schwein, ich fick dich« und: »Du kannst mir einen blasen«, habe ich ihn zusammengeschlagen.

Ich wähle die Republikaner, weil ich mit Stolz sagen möchte, daß ich ein Deutscher bin. Ich möchte das sagen können ohne Angst, geschlagen zu werden. Die Ausländer können ja auch stolz sein, warum können wir es nicht sein? Auf der anderen Seite bin ich eigentlich gar nicht so stolz, ein Deutscher zu sein, aber ich möchte es einfach nur sagen können. Daß ich Ausländer nicht mag, kommt von den vielen negativen Erfahrungen, die ich mit ihnen machte. Das Schlimmste ist für mich die Erniedrigung, die Schuhe des anderen küssen zu müssen oder die Spukke aufzulecken. Das grauenhafteste war, als dieser Ausländer sagte, ich müßte ihm einen »blasen«. Bei dieser Erniedrigung empfinde ich einen unglaublichen Haß. Da kann man den anderen nur noch totschlagen. Wenn die Ausländer sagen: »Ich fick dich«, meinen sie: »Ich schlag dich«. Das ist das Schlimmste.

Das Schlimmste, an das ich mich erinnern kann, ist die Situation, als mein Vater den Kopf meiner Mutter gegen seinen Kopf geschlagen hatte und meine Mutter dann blutüberströmt dastand. Ich ging in das Zimmer, um meiner Mutter zu helfen. Der Vater hielt die Mutter und ich habe das Blut, das überall hintropfte und über das ganze Gesicht floß, mit einem Handtuch aufgewischt. Solche Szenen hat es zwischen Vater und Mutter oft gegeben und ich habe immer an der Tür gelauscht, wenn die Eltern Streit hatten. Ich hatte Angst und das Gefühl, der Mutter helfen zu müssen. Ich hatte mich immer verpflichtet gefühlt, der Mutter zu helfen, obwohl eigentlich mein Bruder der Liebling der Mutter war. Der hatte sich um überhaupt nichts gekümmert und war kaum zu Hause. Ich hatte mehr zum Vater gehalten. Wenn dieser alleine in der Küche saß, habe ich mich zu ihm gesetzt, und er hatte sich dann gefreut. Der Vater war aber unberechenbar. Wenn er betrunken war, dann gab es eben immer wieder diese schrecklichen Szenen, und so habe ich mich mit der Zeit auch immer mehr vom Vater zurückgezogen.

Während meiner Lehrzeit hatte ich einen deutschen Freund. Der war ein brutaler Schläger und alle fürchteten ihn. In dieser Zeit hatte ich mich auch oft geschlagen, egal ob mit Deutschen oder Ausländern. Dem Freund gegenüber war ich stolz. Wir haben uns detailliert erzählt, wer wo gesiegt hatte und wem welche Verletzung beigebracht hatte. Das Wichtigste bei diesen Szenen war, daß man sich erst stark und gut und als Sieger fühlte, wenn bei dem anderen Blut floß. Einmal rutschte ich bei einem Kampf aus und wurde so brutal zusammengeschlagen, daß ich neun Wochen im Krankenhaus lag.

Die Aggression kontrolliert mich, nicht ich die Aggression. Einmal saß ich auf einer Bank, und ein paar Deutsche sind gekommen und haben vor mich hingespuckt. Da habe ich ein Messer gezückt und wollte sie umbringen. Vor Angst sind sie weggelaufen. Ich wollte mir nicht gefallen lassen, was ich immer erlebt hatte. Ich wollte mich nicht demütigen lassen. Im Grunde wollte ich immer dem Vater gefallen, denn der Vater ist auch gegen Ausländer. Mein Vater wollte immer, daß ich ein berühmter Fußballspieler werde, damit ich nicht arbeiten muß und eben berühmt werde. Ich hatte mich furchtbar angestrengt und hart trainiert. Hatte ich Schmerzen, habe ich einfach weitergespielt. Wegen der Schmerzen mußte ich dann aufhören, Fußball zu spielen und die Lehre abbrechen. Mein Vater war furchtbar enttäuscht. Manchmal habe ich grauenhafte Angst, daß ich mich vielleicht nicht mehr bewegen kann und in einem Rollstuhl lande. Bevor ich behindert werde, möchte ich lieber sterben. Ich wollte immer, daß mein Vater stolz auf mich ist. Ich habe versagt.

Eigentlich habe ich keine Familie. Als Kind war ich oft bei den Großeltern. Die ganze Familie hat sich zerstritten. Das ist furchtbar. Es gibt nur noch Streit und Krach. Ich habe mir immer eine Familie gewünscht. Die Familie ist doch schon immer der Grundpfeiler der Gesellschaft. Ich kann mich damit nicht abfinden. Ich beneide die Ausländer, bei denen hält die Familie noch zusammen, zumindest nach außen. Bei den Deutschen spielt die Familie keine Rolle mehr.

Ich habe ein Bild gemalt. Das Bild stellt den Eingang zu einer kalten, dunklen Höhle dar. Der Eingang ist ein Loch in der Mauer. Davor ist ein Abgrund, über den eine Brücke zum Eingang der Höhle führt. Irgendetwas hält mich in der Höhle fest.

3 Wie entsteht Aggression?

Verhaltensforschung

Die vergleichende Verhaltensforschung, die Ethologie, mit ihren bekanntesten Vertretern Lorenz (1963) und Eibl-Eibesfeldt (1970) führt Aggression auf einen biologischen Trieb zurück. Aus dem Vergleich mit in erster Linie tierischem Verhalten wird eine Theorie menschlicher Aggression entworfen.

In Anlehnung an Freud geht Lorenz davon aus, daß unser Organismus ständig aggressive Impulse erzeugt, die sich so lange aufstauen, bis eine bestimmte Schwelle überschritten wird. Dann kommt es zur Entladung in einer aggressiven Handlung. Nach der Abreaktion herrscht Ruhe, bis wieder ein gewisser Druck nach dem »Dampfkesselprinzip« erreicht ist. In der Regel führt ein äußerer Anlaß zur aggressiven Abreaktion, im Extremfall kann es jedoch auch ohne Auslöser zur aggressiven Handlung kommen (Leerlaufreaktion).

Der Aggressionstrieb nach Lorenz ist ein echter, primärer arterhaltender Instinkt.

> »Die Spontaneität des Instinktes ist es, die ihn so gefährlich macht. Wäre er nur eine Reaktion auf bestimmte Außenbedingungen ... dann wäre die Lage der Menschheit nicht ganz so gefährlich, wie sie tatsächlich ist« (Lorenz 1963, S. 79).

Lorenz unterscheidet eine zwischenartliche von der innerartlichen Aggression. Letztere sei die schwerste Gefahr. Trotz seiner Gefährlichkeit diene der Aggressionstrieb der Arterhaltung. Bei aggressiven Verhaltensweisen gegenüber anderen Arten, zum Beispiel beim Beutemachen, ist die arterhaltende Funktion des Aggressionstriebes offenkundig. Aber auch innerhalb der eigenen Art habe Aggression eine positive Funktion:

- Die Artgenossen stoßen sich durch Aggression gegenseitig ab. Auf diese Weise verteilen sie sich in ihrem Lebensraum so, daß jeder sein Auskommen hat.
- Die Aggression dient der Auswahl der besten, d.h. stärksten für die Fortpflanzung. Dies entspricht der Zuchtwahl nach dem Darwinschen Selektionsprinzip.
- Ein kämpferischer Verteidiger sichert die Brutpflege und die Familie.
- Aggression dient der Rangordnung, die für die Handlungsfähigkeit der Gemeinschaft von Bedeutung ist.

Am Anfang der menschlichen Kultur stand nach Lorenz das Ritual, das die Aufgabe hatte, menschliche Aggression im Zaume zu halten. Im Ritual kommt es zu einer Um- und Neuorientierung des Angriffs, wodurch Aggression in andere Bahnen gelenkt wird. Gewohnheiten bezeichnet er ebenfalls als Rituale. Rituale bewirkten ein gegenseitiges Verstehen der Artgenossen.

Durch geringfügige Änderungen von Umweltbedingungen können angeborene Verhaltensweisen aus dem Gleichgewicht gebracht werden. Nachdem die Angst, von wilden Tieren gefressen zu werden oder zu verhungern, durch die Errungenschaften der kulturellen Entwicklung abgenommen hatte, so Lorenz, kam es durch den zur Auslese treibenden Faktor Krieg zur extremen Herauszüchtung kriegerischer Tugenden. Das besonders hohe Aggressionspotential der Menschen ist nach Lorenz Selektionsprodukt der Kriege. Hemmungsmechanismen der Aggression – Demutsgebärden bei Tieren, Schreien des Opfers, piepsende Lautäußerungen, die mütterliches Verhalten auslösen – haben durch die Entwicklung von Fernwaffen ihren Sinn und ihre Funktion verloren.

Lorenz kommt zu dem Ergebnis, daß Aggression angeboren, notwendig und sinnvoll ist. Für die damit verbundenen Probleme schlägt er folgende Lösungen vor:

- Anbieten von Ritualisierungen, zum Beispiel in Form von Sport.
- Sublimierungen, kulturell wertvoller Konkurrenzkampf, etwa im Beruf.
- Abreagieren am Ersatzobjekt.
- Vertiefen der Einsicht in die Ursachen von Aggression.
- Freundschaften. Anonymität erleichtert das Auslösen von Aggression, Freundschaften hemmen sie.
- Begeisterung für etwas, da sie ebenfalls die Aggression hemmt.

Nach Lorenz muß die Menschheit stets aufs neue besondere Hemmungsmechanismen für aggressives Verhalten schaffen.

Auch Eibl-Eibesfeldt hält, wie Lorenz, den Aggressionstrieb für einen biologischen Antrieb unter vielen anderen Antrieben. Aggression und selbstloses Verhalten sei durch stammesgeschichtliche Anpassung vorprogrammiert. Eibl-Eibesfeldt konzentriert sich in seinen Arbeiten auf die Bedeutung der Ritualisierung im Prozeß der Anpassung und Selektion. Es gibt stammesgeschichtliche Ritualisierungen, zum Beispiel Begrüßungszeremonien. Angeborene mimische Ausdrucksbewegungen und andere Verhaltensweisen werden in Riten zu Signalen, die die Funktion des Gruppenzusammenhaltes haben. Vorteil der Ritualisierungen ist der Schutz durch Geselligkeit. Ritualisierungen schaffen Ventilsitten zur Aufhebung von Aggression.

Auch Eibl-Eibesfeldt unterscheidet inner- und zwischenartliche Aggression. Innerartliche Aggression wird nicht nur durch Schlüsselreize ausgelöst, sondern auch spontan. Viele Tiere sind so vorprogrammiert, daß sie auf bestimmte Signale mit aggressivem Verhalten reagieren. Trotz angeborenen Aggressionstriebes hält Eibl-Eibesfeldt bei menschlicher Aggression auch Lernvorgänge für bedeutsam.

Beide Ansätze beleuchten wichtige Elemente in der Frage nach den Ursachen von Aggression. Sie betonen den positiven Aspekt von Aggression und konzentrieren sich damit jedoch nur auf einen Teilbereich. Als Erklärung für aggressives Verhalten in unserer heutigen Gesellschaft reichen die verhaltenswissenschaftlichen Ansätze jedoch nicht aus. Daß Aggression Bestandteil der menschlichen Entwicklung ist und kulturelle Angebote zu deren Bewältigung notwendig sind, scheint mir aber ein wichtiger Gedanke. Ich werde am Beispiel der Kultur Palaus zeigen, welche Riten der Bewältigung von Aggression dienen und einen respektvollen Umgang der Menschen miteinander möglich machen. Betrachten wir Herrn G., so sehen wir, daß seine Aggression keineswegs den von Lorenz genannten Kriterien entspricht, sondern Ausdruck komplexer Lernvorgänge und des Niederschlags von Erfahrungen in seiner psychischen Struktur sind. Weder die Aggression des Vaters noch die von Herrn G. selbst hat irgendwelche positiven Aspekte für die Arterhaltung des Menschen. Herr G. befindet sich in einem Circulus vitiosus von Gewalt, Demütigung, Angst und wieder Gewalt. Freundschaften oder Ersatzobjekte können diese Form von Aggression nicht hemmen. Wäre sein Haß auf Ausländer Ausdruck eines biologischen Triebes, müßten weit mehr Menschen unserer Kultur sein Verhalten zeigen, was glücklicherweise nicht der Fall ist.

Zerstörung als Folge von Aggression wird bei Biologen typischerweise nicht erwähnt. Verletzungen als Folge von Aggressionen sind bei Primaten selten (Kummer 1982). Aggressionen bei Menschen sind weitaus komplexer als die der Tiere, auch wenn es eine biologische Determinante geben mag.

Frustrations-Aggressions-Theorie

Die 1939 erstmals von Dollard et al. (1970) ausgearbeitete Frustrations-Aggressions-Theorie hat die Diskussion um die Ursachen von Aggression nachhaltig beeinflußt. Sie gilt als Beginn der empirisch-experimentellen Aggressionsforschung. Die Theorie besagt:

- Aggression ist immer eine Folge von Frustration, und
- Frustration führt immer zu einer Form von Aggression.

Unter Aggression verstehen Dollard et al. eine Verhaltenssequenz, die auf die Verletzung eines Organismus oder Organismusersatzes abzielt, während Frustration als die Störung einer zielgerichteten Aktivität definiert wird. Die Theorie wurde schon bald modifiziert, da sie in dieser Form nicht zu belegen war. Es hieß dann:

Frustration erzeugt Anreize zu verschiedenen Arten von Verhaltensweisen, einer dieser Anreize führt stets zu einer Form von Aggression. Frustration erhöht also die Wahrscheinlichkeit von Aggression.

Verbunden mit der Frustrations-Aggressions-Theorie war die Katharsis-Hypothese. Durch das Ausführen einer Aggression wird der von der Frustration erzeugte Anreiz zur Aggression reduziert, der Anreiz zur Fortsetzung der gestörten Aktivität bleibt dabei weiter bestehen.

Die Mängel der Theorie, so populär sie ist, sind erheblich. Frustration wird relativ vage beschrieben, und es wird lediglich gezählt, wie häufig nach der Frustration Aggression auftritt. Wie Frustration Aggression erzeugt, wird allerdings nicht gesagt.

Ein weiterer Schwachpunkt der Theorie ist die Definition der Frustration als Hemmung zielgerichteter Aktivität. Bei der Hindernisfrustration, z.B. bleibt der Wagen vor der Verkehrsampel bei Grün stehen, reagieren einige Versuchspersonen mit Aggression, andere nicht. Auf Provokationen oder Belästigungen, z.B. das Anrempeln von Passanten oder unberechtigte Kritik, wird häufiger als bei der Hemmung zielgerichteter Aktivität mit Aggression reagiert. Frustrationen wie Entbehrungen oder Mangelzustände führen eher zu Apathie als Aggression. Erst wenn eine Hindernisfrustration hinzukommt, entsteht Aggression.

Berkowitz (1962) modifiziert die Frustrations-Aggressions-Theorie zur Sequenz Frustration–Ärger/Wut/-Zorn–Aggression. Die entscheidende Frage bleibt auch hier, wie das äußere Ereignis interpretiert wird, ob als willkürlich oder unbeabsichtigt. Hinzu kommt, daß Menschen sich in ihrer Disposition zu Ärger unterscheiden, denn einige sind toleranter als andere.

Die Frage, wann und warum auch andere Reaktionen auf Frustrationen auftreten können, bleibt ungeklärt. So können auch konstruktives Verhalten, Befriedigung durch Phantasien, passiver Rückzug (Aufgabe), aktiver Rückzug (Flucht), Selbstvorwürfe, Umbewertung der Situation und andere Verhaltensweisen auftreten. Zudem entstehen auch Aggressionen in Situationen, bei denen scheinbar keine Frustration vorausging. Problematisch ist auch die Annahme, daß die Verringerung von Frustrationsbedingungen Aggression hemme und daß Aggression zur Vermeidung eines Aggressionsstaus über andere Wege abreagiert werden solle (Katharsis-Hypothese).

Bei Herrn G. sehen wir, daß er viele Situationen verzerrt wahrnimmt, so daß eine Reduktion frustrierender Bedingungen keine Hilfe wäre. Gelegenheit zur Abreaktion von Aggression hat er sich häufiger verschafft, dieses Verhalten führte jedoch nur zur Verschärfung des Circulus vitiosus von Angst und erlebter Gewalt.

Der Vorteil der Frustrations-Aggressions-Theorie gegenüber der Verhaltenswissenschaft ist allerdings die Betonung äußerer Ursachen bei der Entstehung von Aggression. Nicht mehr die Biologie, sondern zwischenmenschliche Beziehungen und gesellschaftliche Zustände rücken in das Blickfeld.

Lerntheorie

Die Lerntheorie geht davon aus, daß aggressives Verhalten keiner Erklärung eigener Art bedarf, sondern, wie soziales Verhalten generell, überwiegend auf Lernvorgängen beruht. Bandura (1979) bezeichnet Aggression als eine Verhaltensweise, die zu persönlicher Schädigung und zur Zerstörung von Eigentum führt. Die Schädigung kann psychisch, in Form von Abwertung oder

Erniedrigung, aber auch physisch erfolgen. Die Lerntheorie beschäftigt sich mit der Frage, was Menschen dazu bewegt, sich aggressiv zu verhalten, und was sie ihr aggressives Verhalten aufrechterhalten läßt. Aggressives Verhalten erfordert komplizierte Fertigkeiten und damit soziale Lernprozesse. Lernen bedeutet dabei eine Veränderung von Verhalten und Erleben aufgrund von Erfahrungen. Im Zusammenhang mit Aggression ist vor allem Lernen am Modell, Lernen am Effekt, Signallernen und kognitives Lernen untersucht worden.

Lernen am Modell

Bandura et al. (1961) zeigten in einem Experiment Kindern einer Kindergartengruppe ein aggressives Modell, einen aggressiven Erwachsenen. Nahm man den Kindern anschließend Spielzeug weg, zeigten diese Kinder mehr Aggressionen als Kinder einer Kindergartengruppe, die vorher kein aggressives Modell sahen.

Durch Beobachtung können neue Verhaltensweisen schnell und einfach gelernt werden. Aggressive Modelle haben dabei eine aktivierende Wirkung. Modelle vermitteln nicht nur bestimmte Formen der Aggression, sondern auch mit wem, ob und in welchem Ausmaß Aggressionen auftreten. Jede Aggression erhöht die Wahrscheinlichkeit weiterer Aggressionen. Untersuchungen zeigen den Zusammenhang von körperlicher Bestrafung durch die Eltern und aggressivem Verhalten bei Kindern (Nolting 1992).

Aggression ist nicht nur ein Frustrationseffekt, denn Frustration kann, wie wir schon gesehen haben, auch andere Reaktionen auslösen. Die Frage, wer wen wann nachahmt, ist eingehend untersucht worden. Die Nachahmung hängt vom Modell, vom Beobachter, von deren Beziehung und der Situation ab. Es besteht kein prinzipieller Unterschied, ob das Modell real oder nur symbolisch gezeigt wird. Das Modell muß nicht einmal menschlich sein. Wenn das Modell erfolgreich ist, wird es leicht nachgeahmt, dagegen kaum, wenn es unangenehme Folgen erfährt. Personen, die Macht ausstrahlen, werden eher nachgeahmt. Wird eine Handlung als moralisch gerechtfertigt dargestellt, wird sie eher nachgeahmt. Wenn die Beobachter vorher frustriert werden, ahmen sie leichter Aggression nach. Ist die Beziehung zwischen Beobachter und Modell positiv, wird das Modell eher nachgeahmt. Das Modellverhalten kann sofort nachgeahmt, aber auch im Gedächtnis gespeichert und später gezeigt werden.

Lernen am Effekt – Erfolg oder Mißerfolg

Thorndike (1913) formulierte Lernen als Gesetz des Effektes, eine Theorie, die von Skinner (1938) und Hull (1943) weiterentwickelt wurde. Lernen am Erfolg meint, daß durch Bekräftigung, Verstärkung ein Verhalten stabilisiert wird. Aggression kann z.B. folgende Erfolge erzielen: die Durchsetzung eines Wunsches, ein Gewinn, Beachtung, Verteidigung, Schutz, Spannungsreduktion, Stimulierung, positive Selbstbewertung u.a.

In verschiedenen Experimenten konnte gezeigt werden, daß Aggression bei Kindern zunimmt, wenn diese für ihre Aggression gelobt werden (Nolting 1992). Gelegentlicher Erfolg wirkt dabei verstärkender als immerwährender. Andererseits kann durch Ausbleiben von Erfolg oder Strafe Aggression gehemmt werden.

Kognitives Lernen

Gedankliche Prozesse wie Erkennen, Verstehen und Sich-Vorstellen spielen bei allen Lernprozessen eine Rolle. Das Interpretieren und Bewerten von Situationen, z.B. ob Frustration willkürlich oder zufällig erzeugt wurde, ob das Gegenüber aufgrund feindseliger Motive handelt oder nicht, das Planen und Steuern eigenen Handelns, muß bei der Entstehung von Aggression mitberücksichtigt werden.

Für das Lernen am Modell sind vor allem Aufmerksamkeitsprozesse (hat das Modell Macht, Status, Kompetenz?), Gedächtnisleistungen, denn Verhaltensweisen können unter Umständen erst lange Zeit nach der Modellierung auftreten, Bekräftigungs- und Motivationsprozesse von Bedeutung. Die Bekräftigung (Belohnung) aggressiven Verhaltens kann das Verhalten direkt betreffen, stellvertretend (ein Modell wird belohnt) oder durch Selbstbekräftigung (z.B. Gefühl der Selbstzufriedenheit) erfolgen.

Die Verstärker eines Verhaltens müssen bewertet, Verhalten muß antizipiert und gedächtnismäßig repräsentiert werden. Beim Beobachten von Verhalten finden zudem geistige Problemlöseprozesse statt.

Signallernen

Ein zunächst neutraler Reiz wird zu einem spezifischen Auslöser für Aggression. Mimik, Sprache, Kleidung des Gegenübers kann aufgrund von Lernprozessen Aggression auslösen.

Auf Herrn G. bezogen können wir sehen, daß Lernen am Modell eine erhebliche Rolle spielt. Herr G. liebt seinen Vater und möchte ihm gefallen. So wie der Vater seinen Vater zum Modell nahm, wird Aggression über die Generationen weitergegeben. Aggression dient Herrn G. vor allem zur Reduktion von Angst (Lernen am Effekt). Er habe es richtig lernen und üben müssen, aggressiv zu werden. Aggressiv zu sein, sei besser, als sich bedroht zu fühlen. Zunächst vielleicht neutrale Verhaltensweisen der Ausländer wecken Erinnerungen an das demütigende Verhalten des Vaters und bekommen jetzt als Signale aggressionsauslösende Funktion, die dann durch reale Kampf- und Bedrohungssituationen verstärkt werden.

Bandura (1979) widerspricht der Katharsis-Theorie, indem er zeigt, daß das Ausleben von Aggression zur Aufrechterhaltung oder Erhöhung von Aggression führt. Bestrafung erreiche bestenfalls eine vorübergehende Kontrolle, da Strafe eine aggressive Modellierung darstelle und wiederum aggressives Verhalten erzeuge. Aggressives Verhalten kann außerdem durch kollektive Ansteckung verstärkt werden.

Die Lerntheorie zeigt bereits, welch komplizierte seelische Prozesse aggressivem Verhalten zugrundeliegen. Einige dieser Prozesse kann die Psychoanalyse genauer beschreiben.

Psychoanalyse

In der nicht-psychoanalytischen Literatur wird die Aggressionstheorie der Psychoanalyse fast immer auf die Triebtheorie Freuds reduziert. Schon bei Freud war jedoch aggressives Verhalten nicht einfach nur Ausdruck eines Triebes. Aggression ist Ausdruck komplizierter Störungen der gesamten Persönlichkeit, wobei diese Störungen auf das Erleben schwerer Traumatisierungen von frühester Kindheit an zurückgeführt werden. Wie bei Herrn G. zu erkennen ist, sind hier vor allem Erfahrungen von Gewalt, Instabilität der Herkunftsfamilie, ökonomische Probleme, Suchtverhalten eines oder beider Elternteile, Beziehungsabbrüche und andere Erfahrungen zu nennen (vgl. Heinemann et al. 1992).

Aggression als Ausdruck geschwächter Ich-Strukturen

Freud stellte im Laufe seiner Publikationen mehrere Triebtheorien auf. Zunächst sprach er (1905, 1915) vom Dualismus der Libido (Sexualtriebe) und der Ichtriebe (Selbsterhaltungstriebe). Schließlich ordnete er die Selbsterhaltungstriebe der Libido zu und sprach dann (1920) erneut vom Triebdualismus, nämlich dem Lebenstrieb (Libido) und dem Todestrieb (Destrudo). Der Lebenstrieb umfaßt hier die Sexualtriebe sowie die Selbst- und Arterhaltungstriebe, der Todestrieb dagegen beinhaltet den Aggressionstrieb. Der Todestrieb strebt bei Freud nach vollständiger Aufhebung der Spannung, d.h. nach Rückführung in einen anorganischen Zustand. Der Todestrieb wendet sich zunächst nach innen und strebt nach Selbstdestruktion, wird dann sekundär nach außen gerichtet und äußert sich nun in Form des Aggressions- und Destruktionstriebes. Der Aggressionstrieb hat hier – entgegen den Vorstellungen von Lorenz – Zerstörung zum Ziel. Freuds Todestriebtheorie wird heute in der Psychoanalyse weitgehend abgelehnt, an dem Dualismus von Libido und Aggression wird jedoch festgehalten.

Beide Triebe können und müssen sich im Laufe der Entwicklung mischen und entmischen. Die Triebe hielt Freud für Energien, die körperliche Quellen und Ziele haben, auf Objekte – meist Personen – gerichtet sind und im Es psychisch repräsentiert werden. Im Es herrscht nach Freud das Lustprinzip, d. h. die Triebe drängen nach sofortiger Entladung. Das Ich, in dem das Realitätsprinzip herrscht, bildet sich aufgrund von Lernvorgängen und Enttäuschungen. Das Ich hat die Aufgabe, die realen Verhältnisse zu erkennen, Wahrnehmung, Denken und Handeln zu organisieren und zwischen dem Individuum und der Außenwelt zu vermitteln. Für diese Aufgabe stehen dem Ich die sogenannten Abwehrmechanismen zur Verfügung. Als weitere Instanz kommt später das Über-Ich hinzu, in dem die moralischen Forderungen der Gesellschaft verinnerlicht sind.

Ein zu schwaches Ich oder Über-Ich entsteht durch ein Übermaß an Enttäuschungen. Hier ist der Bezug zur Frustrations-Aggressions-Theorie zu sehen. Aggression ist schon bei Freud in erster Linie Ausdruck geschwächter Ich-Strukturen, nicht einfach nur ein biologischer Trieb.

Der Aufbau des Ich und Über-Ich ist nach der Theorie der Psychoanalyse von einer weiteren psychischen Instanz abhängig, dem sogenannten Selbst. Die Theorie des Selbst (Narzißmustheorie) wurde von der sogenannten Selbstpsychologie (Kohut 1973, 1975) und der Objektbeziehungstheorie (Jacobson 1973; Kernberg 1978, 1988, 1989) formuliert. Das Selbst gilt als der psychische Niederschlag, den Interaktionen im Individuum hinterlassen. Macht das Kind die Erfahrung, geliebt zu werden, entstehen innere Bilder eines geliebten Selbst und einer liebenden äußeren Person. Negative Erfahrungen wie Kränkungen führen zu negativen inneren Bildern. Selbsthaß ist somit nicht Ausdruck eines Todestriebes, sondern die Folge von Ablehnung, die das Individuum erlebte. Für die Bildung eines positiven Selbst, welches wiederum die Voraussetzung für ein starkes und gut funktionierendes Ich darstellt, ist das Überwiegen positiver Erfahrungen gegenüber Enttäuschungen, Frustrationen oder Kränkungen notwendig. Erst negative innere Bilder erhöhen nach Kernberg den Aggressionstrieb.

Es gibt aber auch nichtdestruktive Aggression, die im Sinne der Selbstbehauptung notwendig ist (Kohut 1975). Sie ist von narzißtischer Wut abzugrenzen, die durch ein Übermaß an Enttäuschungen entsteht und die Entwicklung des Selbst behindert. Angemessene Frustrationen führen nach Kohut dagegen zu einem starken Selbst.

Auch nach Kernberg führt ein Übermaß an Kränkungen zu Wut, Neid und Angst vor Vergeltung. Archaische Abwehrmechanismen wie Spaltung, Verleugnung, Omnipotenzvorstellungen und projektive Identifizierung verhindern, je ausgeprägter sie verwendet werden, eine realistische Wahrnehmung der Personen und der Umwelt sowie die Kontrolle aggressiver Impulse und führen zu einem Circulus vitiosus von Angst und Gewalt.

Betrachten wir Herrn G.: Von frühester Kindheit an erlitt er schwerste Traumatisierungen. Seine Eltern hatten ständig Streit, der Vater schlug die Mutter und auch ihn brutal und meist völlig unvorhersehbar. Aus der Beziehung zur Mutter gewann er wenig Stabilität, denn die Mutter bevorzugte den Bruder, der sich aber nicht in die häuslichen Konflikte hineinziehen ließ. Der Bruder war stabiler und hatte von daher weniger Angst vor einer Trennung der Eltern. Um diese Trennung zu verhindern, suchte Herr G. in den Konflikten zu vermitteln und die Mutter zu beschützen.

Er suchte den Kontakt zum Vater, setzte sich zu ihm in die Küche, machte alles, was der Vater wollte, und mußte diese Versuche irgendwann enttäuscht aufgeben.

Sein schwaches Selbst zeigt sich darin, daß er den Wohnungswechsel und die damit verbundenen Trennungen nicht verkraftete: alles begann mit dem Umzug, so Herr G. Sein Körper-Selbst ist von Ängsten durchflutet. Er hat Angst, behindert zu werden, sich im Rollstuhl nicht mehr bewegen zu können. Dann möchte er lieber sterben. Gefühle der Ohnmacht, die er während der Gewalt durch den Vater erlebte, werden hier reaktiviert. Herr G. hatte sich als Kind wie der letzte Dreck und sehr einsam gefühlt.

Die Erwartungen der Eltern an ihn waren völlig unangemessen, so daß er kein realistisches Bild von sich entwickeln konnte. Der Vater wollte, daß er ein berühmter Fußballspieler werde. Eine so hohe Erwartung konnte er nicht erfüllen und mußte sich als Versager fühlen. Die Mutter suchte seine Hilfe in den gewalttätigen Auseinandersetzungen mit dem Vater, womit er ebenfalls als Kind überfordert war und versagen mußte, denn der Vater war stärker als er.

Sein inneres Bild der Familie ist eine kalte, dunkle Höhle. Er kommt nicht heraus, obwohl eine Brücke da ist. Das Zwanghafte der aggressiven Persönlichkeitsstruktur wird hier deutlich. Die Aggression kontrolliert Herrn G., nicht er die Aggression.

Abwehrmechanismen

Wie verarbeitet Herr G. das Erleben von Gewalt? Die von der Psychoanalyse beschriebenen Abwehrmechanismen, die vom Ich unbewußt eingesetzt werden, haben die Funktion, unbewältigte Affekte abzuwehren und das Ich weiter funktionsfähig zu halten. Abwehrmechanismen dienen somit der Bewältigung von Affekten und sind nicht nur negativ zu sehen. Sind die Affekte jedoch derart gewaltig wie bei Herrn G., kommt es durch das Vorherrschen archaischer Abwehrmechanismen zu erheblichen Einschränkungen im Umgang mit der Realität.

Identifikation mit dem Aggressor

Indem Herr G. sich zeitweise mit dem Aggressor – seinem Vater – identifiziert, kann er Angst in bedrohlichen Situationen abwehren. Er beschreibt dies in der Szene, als der Ausländer unter ihm lag und »bitte, bitte« jammerte, genau wie er, als er unter dem Vater lag.

Über die Hitler-Frisur suchte er die Identifikation mit den Jugendlichen, die Täter sind und keine Angst vor Ausländern haben. Diese Form der Abwehr von Gewalterfahrung durchzieht die Familie auch zwischen Vater und Großvater.

Spaltung

Der Identifikation mit dem Aggressor liegt eine Spaltung des Erlebens in Opfer und Täter, Macht und Ohnmacht zugrunde. Herr G. kann nur total hassen oder total gern haben. Er ist entweder Opfer oder Täter. Wenn er Täter ist, hat er keine Angst mehr. Gleichzeitig erlebt er sich aber immer wieder als Opfer, denn in wechselnden Rollen sind mal die Nazis und mal die Ausländer die bedrohlichen Täter.

Als Opfer fühlt er sich auch, wenn er über die Zerstörung der Umwelt spricht. Er identifiziert sich mit dem kleinen Baum, den der Vater pflanzte und erlebt die gesellschaftliche Zerstörung der Umwelt auch als persönliche Zerstörung. Er weint über die zerstörte Natur. Die Gesellschaft wird zum Täter. Interessant ist, wie Greenpeace in diesem Zusammenhang zum Hoffnungsträger wird, doch noch einen guten fürsorglichen Vater zu erleben. Er schreibt Briefe an die Zerstörer. Die rechtsradikale Ideologie entsteht mit der Aufgabe der Hoffnung und dem Haß durch Enttäuschung.

Wendung von der Passivität in die Aktivität

Als Opfer fühlt sich Herr G. bedroht und hat Angst, als Täter kann er aggressiv werden. Die Angst während der passiv erlittenen Gewalt wird abgewehrt, indem Gewalt aktiv ausgeübt wird. Er schildert, daß er diese Form der Abwehr und Bewältigung richtig üben und lernen mußte.

Verleugnung

Nach den jeweiligen Taten, während denen er sich wie kalt und ohne Gefühle fühlte, hatte er scheinbar keine Schuldgefühle. Affekte wurden massiv verleugnet. Einige Zeit später kam es dann zu Wiedergutmachungsphantasien, er zeigte dem Opfer die Brust. Schuldgefühle können vom Ich nicht bearbeitet und müssen von daher verleugnet werden.

Wendung der Aggression gegen das Selbst

Phasenweise kommt es zur Wendung der Aggression gegen das Selbst. Er denkt an Selbstmord und nur der Haß, niemandem den Gefallen tun zu wollen, bewahrt ihn vor dieser Reaktion. Er ritzt sich Worte wie »Haß« autoaggressiv mit einem glühenden Draht in den Körper.

Projektive Identifizierung

Die inneren Bilder des bedrohlichen Vaters oder des bedrohten Selbst werden auf Personen der Außenwelt projiziert und diese durch Interaktionen gedrängt, sich den inneren Bildern entsprechend zu verhalten, sich mit diesen Bildern zu identifizieren. Es kommt zur Reinszenierung erlebter Szenen in der Realität.

Herr G. erlebte deshalb Ausländer als Demütiger, als Täter, die ihn bedrohen. Aber nicht nur die bedrohlichen Aspekte des Vaters werden projiziert, auch sexuelle

Impulse. Ausländer seien männlicher und bei Frauen erfolgreicher. Er fühlt sich zu ihnen hingezogen, weil sie emotionaler seien. Er weiß nicht, ob sie ihn für schwul halten. In der Opferrolle ist er offensichtlich gefährdet, weiblich zu sein. Aggressiv und kalt ist männlich, weich und schwul ist weiblich. Ausländer bedrohen ihn durch körperliche und sexuelle Gewalt. Blasen und Schlagen ist bei den Ausländern eins, so Herr G. Durch die Gewalt des Vaters war es Herrn G. nicht möglich, eine stabile männliche Identifikation mit dem Vater zu erlangen. Als Opfer blieb er mehr mit der Mutter identifiziert, die ebenfalls Opfer des Vaters war. Sexuelle Beziehungen zu Frauen sind für ihn nicht möglich, dann könnte er nicht mehr hassen.

Das Problem der projektiven Identifizierung ist, daß beispielsweise die Interaktionen mit Ausländern durch diese inneren Vorgänge gestaltet werden und es zur Reinszenierung innerer Konflikte in der Realität kommt. Herr G. erlebte tatsächlich immer wieder Konflikte mit Ausländern und fühlte sich immer weiter bedroht. Nach einem solchen Vorfall lag er sogar neun Wochen im Krankenhaus. Er fühlte sich von den Ausländern im Stich gelassen (nach Enttäuschungen erhöhten sich seine Aggressionen), gedemütigt und als Mensch zweiter Klasse behandelt. Gleichzeitig erlebte er auch heftigen Neid. Ebenso wurden auch seine unerfüllten Wünsche auf Ausländer projiziert. Ausländer haben noch eine Familie und wagen, sich sogar über das Essen zu beschweren, obwohl sie als Asylbewerber Unterkunft und Verpflegung kostenfrei erhalten.

Wie stark diese Reinszenierung in der Realität den inneren Bildern entspricht, zeigt seine Beschreibung, daß er sich erst als Sieger fühlte, wenn Blut floß. Dies erinnert sehr an den Schock, den er erlitten hatte, als er mit dem Handtuch das Blut der Mutter abwischen mußte. Nun ist er der Täter. Zur Reinszenierung gehört nicht nur, daß der andere den inneren Bildern entsprechend wahrgenommen wird, sondern auch, daß er durch Provokationen beispielsweise so manipuliert wird, daß er sich in der Realität auch den inneren Bildern entsprechend verhält. Der Circulus vitiosus ist hergestellt, Aggression wird verstärkt und erhöht.

4 Formen der Aggression

Aggression

Aggression ist sowohl angeboren angelegt als auch reaktiv auslösbar durch Behinderung, Blockierung oder Verunmöglichung einer Befriedigung libidinöser oder narzißtischer Art. Im Unterschied zu Tieren können wir beim Menschen zwischen destruktiver und konstruktiver Aggression unterscheiden (Mentzos 1984; Thomä 1990). Gerade in der destruktiven Form ist Aggression eine komplizierte Leistung des Ichs, bei der affektive, kognitive und Lernprozesse eine Rolle spielen. Dabei kann Angst der Motor der Aggression sein (Battegay 1979).

Aggression kann sich direkt physisch äußern, aber auch in sublimierter Form, zum Beispiel verbal. Aggression kann sich aber auch in dem Bestreben äußern, den anderen zu bemächtigen, in seine Privatsphäre einzudringen, ihn auszugrenzen, zu entwerten, zu demütigen oder zu kränken. Aggression kann auch über einen Stellvertreter geäußert werden. Gerade in Schulklassen finden sich immer wieder Kinder, die stellvertretend für andere den Unterricht stören und zum Protagonisten in der Klasse werden.

Aggression kann durch Zwänge und Rituale in abgewehrter Form zum Ausdruck kommen. Im Zwang und Ritual wird ein aggressiver Impuls durch gegenteiliges

Verhalten, auch Reaktionsbildung genannt, unterdrückt. Todeswünsche einem Kind gegenüber können durch Überfürsorglichkeit abgewehrt werden.

Das zwanghafte Verhalten ist dabei eine Kompromißbildung zwischen Impuls und Abwehr. Mal steht das Abgewehrte im Vordergrund, z.B. wenn in der Kirche zwanghaft unflätige Worte geäußert werden, mal die Abwehr, z.B. beim zwanghaften Händewaschen als Wiedergutmachung durch eine magische Handlung. Mentzos (1984) unterscheidet Zwangsideen, Zwangsimpulse und Zwangshandlungen.

- Eine Zwangsidee kann die immerwährende Vorstellung sein, dem Vater sei etwas zugestoßen.
- Beim Zwangsimpuls besteht ein innerer Drang, z.B. dem eigenen Kind etwas anzutun.
- Bei der Zwangshandlung muß eine Person beispielsweise alles, was sie wahrnimmt, zählen.

Der Zwang ist stereotyp und ritualisiert, zum Beispiel als Waschzwang oder Kontrollzwang. Ein Beispiel mag veranschaulichen, wie der Zwang Aggressionen dem Ehemann gegenüber unterdrücken und abwehren hilft (Mentzos 1984, S. 160).

> Eine 30jährige Frau hat seit einem Jahr ständig die Vorstellung, daß irgendwelche Glassplitter in das Essen ihres Mannes gelangen könnten und er sich dadurch Speiseröhre und Magen verletzen würde. Deswegen sucht sie überall nach Splittern, in seinem Essen, auf dem Tisch, auf und unter dem Teppich. Der Zwang breitet sich ständig aus.

Neben der Reaktionsbildung spielen im Zwang Abwehrmechanismen wie Ungeschehenmachen, Isolierung (der Gedanke ist bewußt, der Affekt verdrängt und umgekehrt), Intellektualisierung und Rationalisierung (es werden »vernünftige« Gründe für das Verhalten gesucht) eine Rolle. Durch den Zwang wird das strenge Über-Ich zumindest teilweise befriedigt, aber das Ich wird erheblich eingeschränkt.

Am Beispiel der Kultur Palaus (s. Kap. 6) möchte ich zeigen, daß kulturelle Rituale zwar auch auf einer Reaktionsbildung gegen Aggression beruhen können, daß sie aber der Anpassung an die spezifische Kultur dienen und damit nicht als persönlichkeitsfremd erlebt werden. Sie dienen hier der Bewältigung von Aggression.

Abwehrmechanismen haben die Aufgabe der individuellen Konfliktabwehr, aber sie sind auch die Grundlage der Anpassung an die jeweilige spezifische Kultur, hier werden sie dann als Anpassungsmechanismen bezeichnet, und dienen der kollektiven Bewältigung von Entwicklungsaufgaben. Dieser kollektiven Bewältigung liegen unter anderem die schon beschriebenen Lernvorgänge zugrunde.

Autoaggression

Aggression kann sich auch in der Wendung gegen die eigene Person äußern. Formen der Autoaggression finden sich im Märtyrertod, im Krieg, in der Phobie, wenn hinter der Brückenangst etwa der Wunsch steht, mit Lust von der Brücke springen zu wollen, in der Anorexie (Magersucht) und Bulimie (Eß-Brech-Sucht), in der psychosomatischen Erkrankung oder auch in der Psychose. In der Psychose kann Aggression nach außen projiziert werden und mündet dann in Verfolgungsangst, sie kann aber auch in einen Teil des Körpers projiziert werden. Durch Abhacken eines Körperteils, der dann nicht als dem Selbst zugehörig erlebt wird, wird die Aggression mitsamt der zugehörigen Szene, die sie hervorrief – z.B. Kränkungen – entfernt (Battegay 1988).

Zur Autoaggression zählt das offen selbstverletzende Verhalten, die heimliche Selbstbeschädigung in Form selbstmanipulierter Krankheit oder Beschädigung: das Münchhausen-Syndrom und das Münchhausen-Stellvertreter-Syndrom. Als schwerste Form der Autoaggression kann der Selbstmord bezeichnet werden.

Offen selbstverletzendes Verhalten

Offene Selbstbeschädigung wird zu 83 % von Frauen unternommen, mit einem Altersgipfel zwischen 20 und 30 Jahren (Eckhardt 1994; Sachsse 1994).

Im Kindes- und Jugendalter wird ein leichtes Überwiegen bei Jungen von 1,3:1 angegeben (Rohmann u. Hartmann 1988). Von den weiblichen Patienten zeigten allerdings die meisten schwere Autoaggressionen gegenüber meist leichteren Formen bei Knaben.

Die Erwachsenen schneiden sich ihre Haut mit Rasierklingen auf, verbrennen sie mit Zigaretten oder Bügeleisen. Die Selbstbeschädigung betrifft meist die Haut, es können aber auch Haare ausgerissen werden (Trichotillomanie). Das selbstverletzende Verhalten kommt nie isoliert vor, sondern ist oft begleitet von Suizidversuchen, schweren Störungen des Körperbildes (Eß- und Gewichtsstörungen) wie Magersucht und Eß-Brech-Sucht. Außerdem sind Suchtprobleme und auch Phobien häufig sowie Angst vor dem Alleinsein, Arbeits- und Beziehungsstörungen.

In der Lebensgeschichte finden sich häufig schwer psychisch kranke Mütter und/oder Väter, Vernachlässigungserfahrungen in der Säuglingsszeit oft verbunden mit körperlichen Mißhandlungen. Bei schätzungsweise Zweidrittel der Patientinnen werden Inzest oder inzestnahe Beziehungen angegeben (Sachsse 1994). Die Lebensgeschichte einer Patientin (Sachsse 1994, S. 34 ff.):

Maria D. kommt als erstes Kind unerwünscht auf die Welt. Die Geburt dauert lange. Sie kommt aufgrund von Atemnot blau zur Welt. Die Mutter ist überfordert und kann das Kind nur zwei Wochen stillen. Der Säugling erbricht häufig und nimmt nur langsam zu. Er ist unruhig und schläft schlecht. Die Mutter schiebt den Säugling in einen entfernten Raum und dreht Musik an oder verläßt das Haus, wenn sie das Weinen nicht ertragen kann. Zunehmend schlägt sie den Säugling. Nach einem »Treppensturz« wird das Kind auf einer Kinderstation behandelt. Die Mutter wird tablettensüchtig. Der Vater trinkt und schlägt Mutter wie Tochter. Als Maria drei Jahre alt ist, kommt die Schwester erwünscht zur Welt. Die ältere Tochter muß bei der Kinderbetreuung helfen, wird parentifiziert. Die Mutter droht häufiger mit Selbstmord und Maria horcht angstvoll an der Türe, wenn sich die Mutter mit Tabletten zurückzieht. Je größer die Patientin wird, desto mehr schlägt sie der Vater mit der Begründung, die Schwester oder Mutter nicht genug oder zuviel zu versorgen. In der Schule ist Maria gut, aber sozial isoliert. Ihr Übergewicht provoziert Spott und Verachtung. Sie besucht die Hauptschule, obwohl die Lehrer den Besuch des Gymnasiums empfehlen. Maria fehlt häufig in der Schule, weil sie sich um die Mutter kümmern muß. Während eines Klassenausflugs, an dem Maria aufgrund des Drängens der Lehrer teilnimmt, stirbt die Mutter an Tablettenvergiftung. Der Vater tobt, macht Maria heftige Vorwürfe und schlägt die Tochter zusammen. Zwei Tage nach der Beerdigung der Mutter schneidet sich Frau D. erstmalig in den linken Unterarm. Sie macht eine Krankenschwesterausbildung und zieht in das Wohnheim. Der Vater verschwindet im Ausland. Einzige Stütze ist ihr ehemaliger Klassenlehrer, der sie zu einer sexuellen Beziehung drängt. Sie wird mehrfach in der Nähe des Wohnheims sexuell belästigt und einmal vergewaltigt, ohne daß sie die Ereignisse zur Anzeige bringt. Sie wird zunehmend krank. Sie injiziert sich heimlich Schmutzwasser. Sie beginnt sich offen die Unterarme zu verletzen. Es folgt ein Suizidversuch und die Einweisung zur Krisenintervention in eine psychiatrische Klinik.

Gerade der Wechsel von Vernachlässigung und Mißhandlung kennzeichnet oft die Erfahrungen der Patientinnen, die verinnerlicht und später am eigenen Körper reinszeniert werden. Die Selbstverletzung ist oft die einzige »Fürsorge«, sie wirkt wie ein Beruhigungsmittel gegen Zustände völliger Depression (Leere, Hoffnungslosigkeit, Stillstand). Die haßerfüllte, feindselige Beziehung zum eigenen Körper ist die Wendung vom Opfer zum Täter. Eine andere Patientin (Sachsse 1994, S. 42).

Gestern nachmittag habe ich in unserer Wohngemeinschaft die Küche sauber gemacht. Ganz plötzlich überfiel mich das Gefühl: Du bist hier ganz alleine! Alles veränderte sich. Die Küche wurde irgendwie unwirklich. Mich beschlich ein Gefühl, das ich gar nicht beschreiben kann, so ähnlich wie in diesem entsetzlichen Kriegsfilm »Apocalypse now«, so etwas wie – Grauen. Ja. Das trifft es vielleicht noch am ehesten. Ich konnte das nicht aushalten.

Ich habe mir einfach ein Schälmesser gegriffen und geschnitten ... Zuerst war ich voll wütend. Wütend auf alle und jeden. Alle meinten es schlecht mit mir. Dann kehrte sich das alles um, ich war allein an allem schuld, alle anderen hatten recht. Diese Schuld wollte ich aus mir herausschneiden ... Ich spüre meine Haut dann gar nicht richtig. Die Schnitte tun überhaupt nicht weh. Dann sehe ich das Blut, fühle es fließen und spüre, daß es warm wird. Das ist eine wohlige Wärme. Dann weiß ich und fühle ich, daß ich überhaupt lebendig bin. Blut tut gut. Und dann kommt erst der Schmerz, aber auch gar nicht schlimm. Es ist gut, sich wieder zu spüren.

Selbstverletzendes Verhalten hat verschiedene Funktionen:

- Es tritt häufig in einem Zustand des Alleinseins auf, wenn der Kontakt zur Umwelt verloren geht.
- Es wirkt antidepressiv: Gefühle von Leere, völliger Hoffnungslosigkeit und des Grauens (Einsamkeit, Alleinsein) werden unterdrückt.
- Es dient als narzißtisches Regulativ. Das Gefühl »Ich bin eine Ritzerin« verleiht Gefühle von Stolz, Stärke und Autarkie. Die Schmerzunempfindlichkeit ist meist das einzige, worauf die Patientinnen wirklich stolz sind.
- Es dient der Suizidvorbeugung. Es handelt sich um eine Wendung der Aggression gegen das Selbst, aber in abgeschwächter Form, es ist ein Kompromiß zwischen Lebenswillen und destruktiven Impulsen.

Es ist Ausdruck einer Depersonalisation. Das Blut als Zeichen des Lebens verleiht das Gefühl von Lebendigkeit durch Schmerz.

Heimliche Selbstbeschädigung

Heimliche Selbstbeschädigung tritt in Form von selbsterzeugten Krankheiten oder Beschädigungen ebenfalls zu schätzungsweise 80 % bei meist jüngeren Frauen auf (Eckhard 1994). Heimlich werden durch Medikamenteneinnahme oder andere Manipulationen Fieber, Infektionen, Bauchschmerzen, Übelkeit, Blutungen oder Hautbeschädigungen erzeugt. 58 % der Patientinnen arbeiten vor der Erkrankung in Bereichen der Kinder- oder Krankenpflege. In den Hautkliniken sind vermutlich ca. 1 bis 2 % der Patienten, in allgemeinen Krankenhäusern 2 % und auf internistischen Stationen bei Patienten mit unklarem Fieber 9 % der Patienten selbsterzeugte Kranke.

Autoaggressive Impulse können auch durch Manipulation der Ärzte ausgeübt werden. Battegay (1988, S. 26 f.) schildert die Lebensgeschichte einer Patientin:

Eine 1956 geborene ledige Frau suchte uns 1986 auf, nachdem wir sie schon von früher her gekannt hatten. Sie ist das zweitjüngste von sieben Geschwistern und stammt aus einem kleinen Dorf in der Nähe unserer Stadt. Der Vater, ein Handwerker, habe sich nie um sie gekümmert, habe aber als rechtschaffen gegolten. Die Mutter sei, wie es eben früher oft der Fall gewesen sei, zurückhaltend gewesen mit ihren Gefühlen, habe nie Liebesgefühle gezeigt. Die Patientin stritt aber ab, unter diesen Verhältnissen gelitten zu haben, und zwar obschon der Eindruck entstand, daß sie keinerlei Geborgenheit erlebt hatte. Im Alter von zehn Jahren sei sie erstmals wegen ihres angeblich fliehenden Kinns von Schulkameraden ausgelacht und als »Affe« betitelt worden. Sie habe darunter außerordentlich gelitten und sich zunehmend zurückgezogen. Schließlich sei in ihr die Vorstellung entstanden, daß die Mutter sich ihretwegen schäme, daß diese traurig sei, ein so häßliches Mädchen geboren zu haben. Es kreisten ihre Gedanken immer mehr nur noch um diese Vorstellung. Eine erste Gesichtsoperation erfolgte 1975, also mit 19 Jahren. Es wurde eine Nasenmuschelkorrektur durchgeführt. Drei Jahre später, im Jahre 1978, erfolgte eine Unterkieferkorrektur mittels Beckenspan. Weitere Operationen des Kinns sowie des Nasenbeins folgten in den Jahren 1980 und 1981. Zunehmend wurde die Patientin, die 1972 in die Menarche eingetreten war, amenorrhoisch. 1974 begann sie mit Abmagerungsversuchen mittels Jodeinnahmen. Es beschäftigten sie ihr angebliches Übergewicht und ihre unbeherrschbare Eßlust. Mit 155 cm Körperlänge wog sie 45 kg ... Wiederholt unternahm sie Suizidversuche mit Tabletten.

Die Patientin strebte nach einem Ideal, das unerreichbar war. Kaum war eine Operation vorbei, wurde die alte Unzufriedenheit wieder wach. Die Selbstbeschädigung mittels der Ärzte diente dazu, den eigenen Leib zu erfahren und Zuwendung von anderen Menschen zu erhalten. Sie reinszenierte aber immer wieder aufs neue die Selbstzerstörung ihres Gesichtes.

Sowohl die offene als auch die heimliche Selbstbeschädigung kann als Identifikation mit dem Aggressor, der Wendung der Aggression gegen das Selbst als auch über Lernvorgänge wie Lernen am Modell verstanden werden.

Münchhausen-Syndrom

Ein Spezialfall heimlicher Selbstbeschädigung sind Patienten und Patientinnen, die von Krankenhaus zu Krankenhaus reisen. Sie schildern dramatisch Krankheiten wie akuten Infarkt, Hirnblutung oder andere akute Symptome, damit der Arzt möglichst viele Eingriffe am Körper vornimmt. Asher hat dieses Verhalten erstmals 1951 als Münchhausen-Syndrom beschrieben. Etwa Zweidrittel der Patienten sind männlich (Eckhardt 1994).

Die Patienten manipulieren die Ärzte zudem, indem sie falsche Anamnesedaten und fingierte Biographien (z.B. als Opfer der Gestapo) angeben. Erkennt der Arzt die Krankheitsursache, verläßt der Patient das Krankenhaus und sucht ein anderes auf.

In der Lebensgeschichte finden sich immerwiederkehrende Beziehungsabbrüche, die Eltern sind oft lange psychisch oder körperlich krank, auch Kindesmißhandlung und Inzest sind häufig. Oft haben Ärzte schon in der Kindheit Ersatzelternfunktion. Einerseits wird vom Arzt Hilfe erhofft, gleichzeitig wird er aber dazu gebracht, den Körper zu beschädigen. Auch hier wird ein Stück unbewältigte Kindheit inszeniert (Plassmann 1990).

Münchhausen-Stellvertreter-Syndrom

Wenn Eltern, meist Mütter, an ihren Kindern heimlich Krankheiten erzeugen und mit diesen immer wieder in Krankenhäusern erscheinen, spricht man vom Münchhausen-Stellvertreter-Syndrom. Der englische Kinderarzt

Meadow hat dieses Verhalten 1977 erstmals beschrieben, nachdem er festgestellt hatte, daß in einigen Fällen angeblicher Epilepsie bei Kindern die Mütter die Krampfanfälle durch Halsabdrücken oder durch Verabreichen von Medikamenten selbst erzeugt hatten. Es werden heimlich Durchfälle, Vergiftungen, Blutungen oder künstliche Infektionen erzeugt. Die Kinder kommen auch mit Knochenbrüchen, für die die Mütter plausible Erklärungen angeben. Die Mütter wirken dabei sehr besorgt um ihre Kinder. Man schätzt, daß ca. 10 % dieser Kinder sterben und 10 % bleibende Hirnschäden zurückbehalten. In amerikanischen Kinderkliniken geht man von 750 Fällen pro Jahr aus.

Schätzungsweise 75 % der Krankheiten der Kinder werden aktiv erzeugt, bei 25 % werden die Krankheiten nur vorgetäuscht (Eckhardt 1994). Das Münchhausen-Stellvertreter-Syndrom ist eine Sonderform schwerer Kindesmißhandlung.

Selbstmord

In den alten Ländern der BRD starben ca. 13000 Menschen pro Jahr durch Selbstmord, das Verhältnis von Suizid zu Suizidversuch wird mit 1:5 bis 1:15 geschätzt. Seit 1950 stieg die Zahl der Selbstmorde nicht wesentlich, die Zahl der Versuche hat sich aber deutlich erhöht. Bei vollendeten Selbstmorden überwiegt die Zahl der Männer, bei den Versuchen sind die Frauen deutlich überrepräsentiert (Abb. 2; Henseler 1984).

Beim Selbstmord und Selbstmordversuch ist das bewußte Motiv der Anlaß, nicht die Ursache. Der Anlaß ist allerdings auch nicht beliebig. Die Selbstmordhandlung ist die letzte Konsequenz einer depressiven Dynamik. Die Handlung selbst hat dabei nicht das Ziel zu sterben,

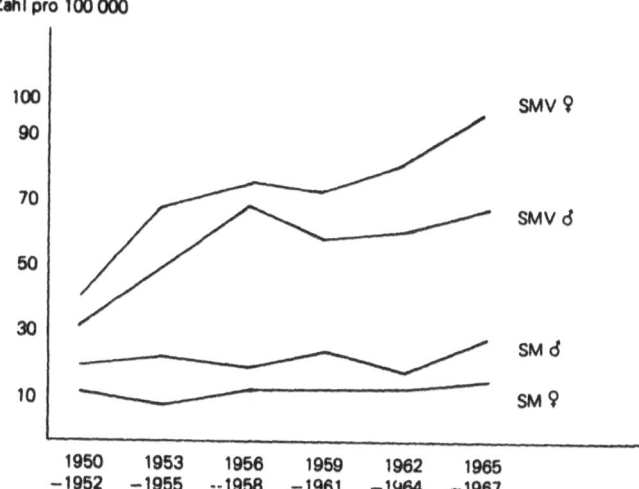

Abb. 2. Zahl der Selbstmorde (SM) und Selbstmordversuche (SMV) bezogen auf 100000 Einwohner gleichen Geschlechts (Quelle: Henseler 1994, S. 24).

sondern sie ist meist Ausdruck des Wunsches, eine narzißtische Krise zu lösen. Phantasien von Wiedervereinigung mit früheren Bezugspersonen, Autonomie aus einer Abhängigkeit durch den Tod zu erlangen, Rückzug, Rache, Flucht oder der Wunsch, eine Beziehung verändern zu wollen, beherrschen den Handelnden. Rational weiß er zwar um die Endgültigkeit des Todes, aber seine Phantasien haben andere Inhalte. Jeder Selbstmord und Selbstmordversuch ist Produkt selbstzerstörerischer und selbsterhaltender Impulse. Die letzteren überwiegen, da in der Regel nur jeder zehnte Selbstmordversuch tödlich endet (Henseler 1984; Kind 1992).

Bei 88 % aller Selbstmordhandlungen liegt zwischen dem Entschluß und der Tat weniger als 6 Stunden. In 83,5 % der Fälle werden weiche und nur in 12,5 % der Fälle harte Methoden verwendet. Weiche Methoden, z.B. Vergiftungen, führen nicht unmittelbar zum Tode. Die Wahrscheinlichkeit gefunden zu werden, ist bei 92,5 % der Selbstmordhandlungen gegeben (Henseler 1984). Mit zunehmendem Alter und sozialer Isolation wird die Wahrscheinlichkeit des tödlichen Ausgangs höher.

Die Selbstmordhandlung als Ausdruck einer narzißtischen Krise wird durch folgende Konflikte verständlich:

- Ein leicht verletzliches Selbstgefühl. Der Handelnde fühlt sich bedroht, verunsichert, hat Angst, verlassen zu werden, fühlt sich hilflos, ohnmächtig. Das Selbstbild schwankt zwischen Größen- und Minderwertigkeitsphantasien.
- Das Über-Ich ist rigide und führt zu schweren Schuldgefühlen. Das Ich-Ideal ist überhöht, die Ansprüche an die eigene Person sind unerreichbar.
- Die Realitätskontrolle ist eingeschränkt. Aspekte der Realität, wie die Endgültigkeit des Todes, werden verleugnet.
- Es liegt eine massive Aggressionsproblematik vor. Aggressionen werden gegen des Selbst gewendet und erhöhen die Aggression, die wiederum gegen das Selbst gewendet wird (Circulus vitiosus).
- Zwischenmenschliche Beziehungen sind konfliktanfällig. Partner werden aufgrund narzißtischer Bedürfnisse gewählt (Erfüllung symbiotischer Wünsche, Idealisierung des Partners), es liegen Kontaktstörungen vor, soziale Isolation, Suggestibilität durch identifizierenden Umgang mit Personen.

Der narzißtische Konflikt wird erst bei genauerem Hinterfragen der Selbstmordhandlung erkennbar. Henseler (1984, S. 18 f.) gibt ein Beispiel:

Eine 46jährige Frau unternahm einen Suizidversuch, als sie eine unerwartet hohe Krankenhausrechnung erhielt. Bei dem Arzt entstand die Hypothese, die Frau fühle sich finanziell überfordert. (Solche unkritischen Interpretationen werden gern von der Presse aufgegriffen und gehen nicht selten in Motivstatistiken ein als »Selbstmord wegen finanzieller Probleme«.) Die Rückfrage nach den finanziellen Verhältnissen, ob die Frau sehr arm oder geizig oder verschuldet etc. war, ergab, daß die Patientin die Rechnung schon als sehr hoch empfand, aber ein Mehrfaches der Summe auf der Bank liegen hatte. Es ging auch nicht nur um die Rechnung allein, sondern um die Tatsache, daß es sich um die Rechnung für einen Krankenhausaufenthalt ihrer Schwester handelte. Während eines Streites hatte die Patientin die Schwester geohrfeigt. Diese stürzte so unglücklich, daß eine stationäre Behandlung notwendig wurde. Die Patientin hatte für die Unkosten aufzukommen.

Die erste Hypothese wurde durch die Angaben nicht falsifiziert, aber dahingehend korrigiert, daß die Frau sich zwar finanziell belastet, sich darüber hinaus aber peinlich berührt fühlte von der Erinnerung an den Streit. Weitere Rückfragen entsprechend der neuen Hypothese hatten weitere Korrekturen zur Folge. Es ging um das Testament des kürzlich verstorbenen Vaters. Dieses war grob zugunsten der Schwester ausgefallen, und die Patientin hatte vergeblich dagegen Einspruch erhoben. Die Hypothese mußte nun dahin ergänzt werden, daß die ganze Ungerechtigkeit des Testaments im Erleben der Patientin wieder lebendig wurde. Bei erneuter Rückfrage stellte sich heraus, daß das Testament ursprünglich eine ausgeglichene Verteilung zwischen den Schwestern vorgesehen hatte. Die Mutter aber hatte den Vater kurz vor seinem Tode dahin beeinflußt, das Testament abzuändern.

Nun war die Hypothese so zu differenzieren, daß auch die Empörung über die Mutter wieder wach wurde. Weiter war zu erfahren, daß die Mutter sich nicht nur einmal so verhalten, sondern schon immer die Schwester bevorzugt hatte. Hierauf berichtete die Patientin Serien von Beispielen, wie sie ihr Leben lang um die Gunst der Mutter geworben, diese in entscheidenden Situationen jedoch stets zur Schwester gehalten hatte. Nachbarn seien deswegen schon eingeschritten. Ihr Ehemann bestätigt ihre Schilderung.

Jetzt besagt die Hypothese, daß die Rechnung nur der Anlaß war, an dem ein lebenslanger Konflikt mit Mutter und Schwester sich wieder einmal entzündet hatte. Von diesem Konflikt aus gewinnen Rechnung, Streit, Testament und Verhalten der Mutter einen bestimmten Stellenwert: Sie alle spielten eine Rolle für die Auslösung des Suizidversuchs, sie ordneten sich jedoch ein in einen Sinnzusammenhang mit einem wichtigen Lebensproblem der Patientin, es trat auch eine Erlebens- und Verhaltensänderung ein. Während sie vorher weiterhin verzweifelt gegen die Rechnung gewütet hatte, begann sie mit Ansprechen dieser Thematik zu weinen und sich zu beruhigen. Nun erinnerte sie sich auch, daß es nicht die Rechnung an sich war, die den Impuls zum Suizid auslöste, sondern der höhnische Kommentar von Mutter und Schwester.

Auch bei Herrn G. zeigt sich der narzißtische Konflikt hinter seiner Aggression und Autoaggression. Sein Selbstgefühl ist leicht verletzbar, er fühlt sich durch Ausländer und Umweltzerstörung massiv bedroht. Er hat Angst, die Eltern könnten sich trennen. Er leidet unter dem Gefühl, versagt zu haben, weil er den überzogenen Ansprüchen des Vaters nicht genügte. Er fühlt sich als Einzelgänger oft einsam und isoliert. Nur der Haß nach außen, er möchte niemand die Genugtuung seines Todes spüren lassen, hält seine Selbstmordgedanken unter Kontrolle. Wir können auch sagen, daß er gelernt hat, Aggression nach außen zu lenken. In Situationen großer Einsamkeit dagegen ritzt er sich Worte wie »Haß« mit glühendem Draht in den Körper.

Perversion

Schon in der »normalen« Sexualität mischen sich sexuelle und aggressive Impulse. Die Initiative zum Sexualverkehr beinhaltet zupackende Aggression, zum Liebesspiel gehören zärtliches Beißen oder Küssen (Battegay 1979). Hier mischt sich konstruktive Aggression mit Sexualität. So wundert es nicht, daß destruktive Aggression auch Auswirkungen auf die Sexualität haben kann. Geschlagene Kinder geraten oft in sexuelle Erregung. Auch Ängste, wie z.B. starke Prüfungsangst, können sexuelle Erregung erzeugen (Mentzos 1984).

Herr G. glaubt, wenn er eine Freundin hätte, könnte er nicht mehr hassen. Seine größte Angst ist, von den Ausländern sexuell überwältigt zu werden, daß diese ihn zwingen, ihnen einen zu blasen. Seine Unsicherheit bezüglich seiner Geschlechtsidentität wird darin sichtbar, daß er glaubt, daß Ausländer ihn für schwul halten (Projektion seiner eigenen Ängste auf Ausländer). Sexualität erlebt er als Form der Gewalt, in der er wie die Mutter Opfer ist. Um ganz hassen zu können, muß er auf Sexualität verzichten.

In den verschiedenen Formen der Perversion mischt sich destruktive Aggression mit Sexualität. Beachtenswert ist, daß Perversionen, auch der erogene Masochismus, fast ausschließlich bei Männern vorkommen (Mentzos 1984).

Der erogene Sadismus hat das Ziel, Lust durch Zufügen von Leid zu gewinnen. Nicht jede Aggression ist sadistisch, auch beim psychischen Sadismus verschafft das Quälen, Bedrängen, Schikanieren, Beherrschen und Erniedrigen anderer Vergnügen. Beim erogenen Sadismus, einer Form von Perversion, ist das Zufügen von Leid die ausschließliche Bedingung für sexuelle Lust.

Beim erogenen Masochismus ist nicht der Schmerz lustvoll, sondern er ist die Bedingung dafür, daß Lust empfunden wird. Insofern entspricht auch der Masochismus dem Lust-Unlust-Prinzip. Der Schmerz ist der Preis, der gezahlt werden muß, damit Lust empfunden wird. Situationen des Leidens, der Qual, der Angst, des Schmerzes und der Demütigung ermöglichen sexuelle Erregung. Die perverse Handlung entlastet von Schuldgefühlen, von Ängsten und verschafft intensive Gefühle: Lieber Schmerzen und Geschlagenwerden ertragen als gar keine Gefühle.

Stoller (1979) sieht in allen Formen der Perversion, nicht nur dem Sadismus und Masochismus, Aggression und Feindseligkeit zugrundeliegen. Er spricht von der Perversion als erotisiertem Haß. So sei auch in den Perversionen, in denen Aggression weniger offen zutage tritt, das Hauptmotiv Rache und Feindseligkeit. Er untersucht die Rolle der Aggression bei der Nekrophilie, beim Fetischismus, bei der Notzucht, beim Sexualmord, Sadismus, Masochismus, Voyeurismus, Transvestismus, der Pädophilie und anderen Formen. In jeder Form von Perversion findet sich, in krasser Form oder verdeckt, als wesentliches und unerläßliches Element der Phantasie Feindseligkeit, Rache, Triumph und ein entpersönlichtes Objekt. Je deutlicher die Feindseligkeit, um so sicherer hat man es mit einer Perversion zu tun. Mord, der sexuell erregt, Verstümmelung als Stimulanz, Vergewaltigung, Sadismus in Verbindung mit eindeutiger körperlicher Bestrafung wie Auspeitschen oder Schneiden, Fesseln und Anketten, Bekoten und Urinieren – das alles sind abgestufte Äußerungen von Haß gegen das Sexualobjekt, dem der Wunsch zugrundeliegt, dem anderen überlegen zu sein, ihm Schaden zuzufügen und über ihn zu triumphieren.

Die in der Perversion liegende Feindseligkeit nimmt die Gestalt einer Rachephantasie an, die ein Kindheitstrauma in den Triumph des nun Erwachsenen verwandelt, der Wendung vom Opfer zum Täter. Bei jeder perversen Handlung wird ein Triumph gefeiert. Das Kindheitstrauma wird in den Einzelheiten der Perversion nachgebildet. Das Trauma wird in Lust, Sieg und Orgasmus umgewandelt. Der Lustgewinn in der Perversion besteht darin, daß das Trauma durch die Wendung von der Passivität in die Aktivität ungeschehen gemacht wird.

Am Beispiel des Transvestismus, des fetischistischen Tragens gegengeschlechtlicher Kleidung, zeigt Stoller die Bedeutung von Aggression in der perversen Handlung. Schon in der pornographischen Literatur für Transvestiten werde das Grundmuster der perversen Handlung sichtbar: Ein verängstigter, bemitleidenswerter, wehrloser junger Mann gerät ohne sein Zutun in die Hände mächtiger, gefährlicher und schöner Frauen, die ihn einschüchtern und demütigen. Die Erniedrigung erreicht ihren Höhepunkt, wenn die Frauen ihn mit physischer Gewalt zwingen, Frauenkleider anzulegen. Die Frauen sind umgeben von sogenannten phallischen Symbolen, z.B. Stökkelabsätze, Tisch und Stuhlbeine, Peitschen und Schreibfedern.

Stoller (1979, S. 102 ff.) berichtet von einem Patienten.

> Der Patient ist Mitte dreißig, verheiratet und hat Kinder. Sein Leben wird von dem Interesse an sexuell erregenden Frauenkleidern beherrscht. In den ersten drei Lebensjahren wurde er von Vater und Mutter als Junge behandelt. Dann kam es zu einer schweren chronischen Erkrankung der Mutter, die wegen Krankenhausaufenthalten häufig von zu Hause fern war und zwei Jahre später verstarb. Eine Tante des Jungen und deren Tochter sorgten für das Kind. An seinem vierten Geburtstag, ein paar Wochen vor dem Tod der Mutter, kam seine Mutter nach Hause, um ihn zu besuchen. Bei dieser Gelegenheit stellten Tante und Kusine der sterbenden Mutter den Sohn als »Neues Mädchen aus der Nachbarschaft« vor und machten Erinnerungsfotos von dem Scherz. Zwei oder drei Jahre später begann die sexuelle Erregung des Patienten. Damals wurde er von einer anderen Frau gezwungen, ihre Strümpfe anzuziehen. Sogleich erfaßte ihn ein Gefühl der Wollust, das er vorher nie erlebt hatte. Dieses Gefühl war von unbestimmten Schuldgefühlen begleitet. In der Pubertät verband es sich mit dem Orgasmus und anschließend war er nur potent, wenn er gegengeschlechtliche Kleidung trug.

Wie in der Pornographie so wird in der Lebensrealität des Patienten das Trauma deutlich: Es ist nicht allein eine Angst vor Kastration, sondern die Angst vor dem Verlust der Zugehörigkeit zur Gruppe der Männer. Die Knaben werden von Frauen mit dem Verlust ihrer Männlichkeit bedroht und gedemütigt, von Frauen, die mächtiger waren als sie. Nach dem Trauma kommt es meist zu einer längeren Latenzperiode. Dieses Trauma wird zur Lust umgewandelt: Schaut her, wie entzückend ich als Frau bin. Das Opfer wird zum Sieger. Der kleine Junge wurde erniedrigt, aber nun gibt er als perverser Erwachsener den Ton an. Wie könnte er den Triumph überzeugender unter Beweis stellen als angesichts des einstigen Traumas seine Potenz zu beweisen. Der Augenblick des größten Traumas ist der Augenblick höchster Erregung. Die Risiken der Kindheit werden erfolgreich bestanden. Das Trauma oder die Vesagungen der Kindheit richteten sich entweder gezielt gegen den Geschlechtsapparat und seine Funktionen oder gegen die männliche bzw. weibliche Geschlechtsidentität.

Die sexuelle Erregung kommt wahrscheinlich genau in dem Augenblick, wo die Realität des Erwachsenen dem Trauma oder der Versagung ähnelt. Angst spielt im perversen Sexualakt eine weitaus größere Rolle als in der weniger perversen Sexualität. Angst wird als Erregung erlebt, es besteht Angst vor dem Trauma und gleichzeitig Hoffnung auf Triumph. Die Perversion läßt Rache zu, die einen Zugang zur Lust ermöglicht. Das Opfer wandelt sich in einen Sieger. Dabei ist allerdings ein zwanghaftes Einhalten des Rituals in der Perversion nötig, ansonsten entsteht Langeweile. Das Risiko darf aber nicht zu groß sein, sonst entsteht kein Gefühl des Triumphs und keine Lust.

Auch beim sexuellen Mißbrauch von Kindern finden wir bei den Tätern neben vielen Zurückweisungen und schwierigen Vaterbeziehungen mit den damit verbundenen männlichen Identifikationsproblemen häufig Erlebnisse von körperlicher und/oder sexueller Gewalt, die dann in der Wendung vom Opfer zum Täter erneut reinszeniert werden (Bange 1993). Williams und Finkelhor (1990) fanden bei einem Viertel der Täter sexuelle Gewalterfahrungen in der Kindheit, bei der Untersuchung von Abel et al. (1984) hatten 24 % der Männer, die Mädchen mißbrauchten und 40 % der Männer, die Jungen mißbrauchten sexuelle Gewalt erlebt. Nach Marquit (1986) haben etwa 80 % der Männer psychische und/oder sexuelle Gewalt erlebt.

Während Mädchen offenbar das Erleben sexueller Gewalt autoaggressiv abwehren, z.B. in der Prostitution, in einer Krankheit wie z.B. Bulimie oder Sucht, scheint ein erheblicher Prozentsatz der Knaben zur Identifikation mit dem Aggressor zu neigen. Lerntheoretisch könnten die Phänomene auch mit Lernen am Modell und Signallernen interpretiert werden.

5 Aggression bei Männern und Frauen

Aggressives Verhalten ist deutlich überwiegend bei Knaben und Männern anzutreffen. Autoaggression, die Wendung der Aggression gegen das Selbst, scheint dagegen eher bei Mädchen und Frauen vorzukommen. Im Schulalter sind es überwiegend Knaben, deren Aggression zu Verhaltensauffälligkeiten in der Schule führt (Bach 1984). Von allen Tatverdächtigen waren 1993 78 % männlich, bei Mord und Totschlag waren es 90,5 %. Dagegen ist nur etwa die Hälfte der Mordopfer männlich (Bundeskriminalamt 1994).

Wie lassen sich diese Geschlechtsunterschiede erklären?

Aus der Verhaltensforschung wissen wir, daß männliche Primaten in den meisten Arten aggressiver sind als weibliche. Die höhere Aggressivität der Männchen entwickelt sich dabei durch die Wirkung des männlichen Geschlechtshormons schon vor der Geburt. Vor der Geburt mit männlichem Geschlechtshormon (Androgen) behandelte Weibchen wurden später hoch aggressiv. Mit drei Monaten kastrierte Männchen waren noch vor der Pubertät zehnmal aggressiver als normale Weibchen.

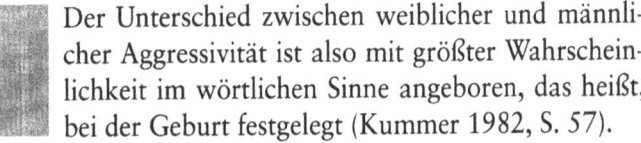

Abb. 3. Aggressives Verhalten bei Frauen ist von der Kultur abhängig (Holzschnitt aus dem 16. Jahrhundert).

Der Unterschied zwischen weiblicher und männlicher Aggressivität ist also mit größter Wahrscheinlichkeit im wörtlichen Sinne angeboren, das heißt, bei der Geburt festgelegt (Kummer 1982, S. 57).

Eine relativ hohe Aggressivität ist bei Rhesusaffen von Männlichkeit nicht zu trennen. Ein möglicherweise angeborener Aggressivitätsunterschied bedeutet nun allerdings nicht, daß dieser nicht erheblich durch Lernen und Kultur beeinflußt wird (Abb. 3). Noch in der frühen

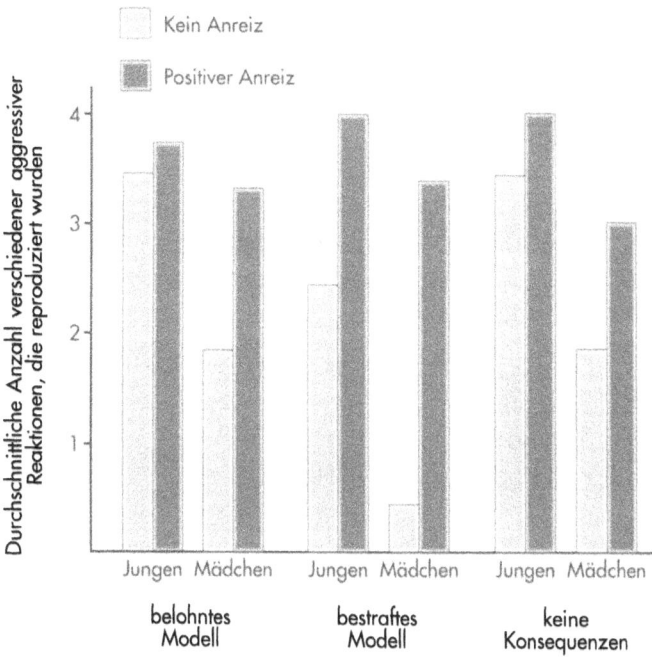

Abb. 4. Jungen zeigen mehr aggressive Verhaltensweisen als Mädchen (Quelle: Bandura 1979, S. 83).

Neuzeit kämpften Frauen mit Männern im sogenannten Gottesurteil (Gerichtsprozeß) um ihr Recht in körperlichen Zweikämpfen.

Die Lerntheorie unterscheidet zwischen dem Erwerb von Verhaltensweisen, die ein destruktives Potential haben, und den Faktoren, die bestimmen, ob ein Verhalten auch ausgeführt wird. Nicht alles, was gelernt wird, wird auch in Handlung umgesetzt. Hier zeigt sich nun aus Sicht der Lerntheorie ein bedeutsamer geschlechtsspezifischer Unterschied. Jungen reproduzieren beträchtlich mehr aggressive Verhaltensweisen als Mädchen, vor allem, wenn die Aggression des Modells belohnt wird (s. Abb. 4, Bandura 1979).

Wird den Mädchen und Jungen ein positiver Anreiz für das Zeigen von Aggression gegeben, zeigen Mädchen fast gleichermaßen aggressives Verhalten wie Jungen. Bandura (1979) folgert daraus:

Mädchen lernen Aggression gleichermaßen, sie zeigen sie aber nicht so häufig wie Jungen in ihrem tatsächlichen Verhalten. Aggression ist bei Mädchen primär eine Frage der Ausführung des Verhaltens, nicht des Lernens.

Diese Beobachtung der Lerntheorie wirft natürlich die Frage auf, warum dies so ist. Wenden wir uns der Psychoanalyse zu.

Buddeberg-Fischer (1990) zeigt aus der Perspektive mehrerer Generationen in einer Familie, daß Knaben, die aus Familienkonstellationen kommen, in denen körperliche Gewalt ausgeübt wird, ihre Ohnmachtsgefühle und Hilflosigkeit – wenn sie etwa die Mutter nicht beschützen können und selbst geschlagen werden, wie dies bei Herrn G. der Fall ist – durch Identifikation mit dem Aggressor abwehren. Mädchen dagegen übernehmen bereits als Kind Mutterrollen für jüngere Geschwister oder auch für die Eltern. Sie bleiben mit der Opferrolle identifiziert, werden depressiv oder flüchten in den Alkohol, wenn es zu Enttäuschungen in der Partnerschaft kommt. Auf diesen Rückzug der Ehefrau reagiert der Ehemann mit Aggressivität, und das Beziehungsdrama der Kindheit wiederholt sich ein weiteres Mal. Beide, Knaben wie Mädchen, haben kein adäquates Problemlöseverhalten gelernt.

Psychoanalytisch gesprochen kommt es zu unterschiedlichen Bewältigungsstilen beim Erleben von Aggression. Dies steht in Einklang mit den Erkenntnissen der Lerntheorie, daß Mädchen ein vermutlich gleiches Aggressionspotential haben, es aber nicht in aggressivem Verhalten nach außen wenden.

Erikson (1968) sieht die Ursachen für die stärkere Aggressionswendung nach außen bei Knaben und die Wendung der Aggression gegen das Selbst bei Mädchen im Erleben des Körperschemas verankert. Die Geschlechtsorgane des Knaben sind für diesen gut sichtbar und erforschbar. Das Mädchen dagegen spürt ihre inneren Geschlechtsorgane. Dies mache einen Erlebensunterschied aus. Die Betonung des Innenraumes zeigt sich bei Mädchen im Spiel. Knaben bauen eher Türme oder kanalisieren den Verkehr einer Straße durch einen Polizisten. Von ca. 450 Spielszenen waren weit über Zweidrittel nach diesen geschlechtsspezifischen Motiven gestaltet. Bei den Knaben überwogen hohe Strukturen und Abstürze. Waren hoch/tief männliche Variablen, so waren es offene und geschlossene Räume bei den Mädchen. Mädchen neigten dazu, den Spieltisch als Inneres eines Hauses zu verwenden. Sie bauten Innenräume, die geöffnet, eingefriedet oder in die eingedrungen wurde. Oft gab es ein eindringendes Element, einen Hund, ein Schwein oder einen Mann. Knaben schmückten hohe Strukturen, Mädchen Tore. Erikson sieht in diesen Raumwahrnehmungen Anlehnungen an die Lage der Sexualorgane der Geschlechter. Die männliche Seite betone äußere Organe, die sich aufrichten und eindringen und die Spermazelle leiten, die weibliche Seite betone die inneren Organe, mit einem Tor als Öffnung. Dieser Grundplan sei im Erleben des Körperschemas verankert. Die stärkere Wendung nach außen bei Knaben und nach innen bei Mädchen sieht Erikson als Ausdruck dieses Grundplans.

Die Anlehnung an die Wahrnehmung der Geschlechtsorgane scheint aber für die Erklärung von Geschlechtsunterschieden bezüglich aggressiven Verhaltens als nicht ausreichend. Chodorow (1985) betrachtet das Schicksal männlicher und weiblicher Identifikationslinien und kommt zu interessanten Schlußfolgerungen.

Männliche und weibliche Identifikationslinien

Am Anfang des Lebens steht, so Chodorow, für beide Geschlechter die Beziehung zu einer Frau. Mütter sind die primären Versorgerinnen und primären inneren Objekte der Kinder. Väter kommen für Knaben und Mädchen sekundär hinzu.

Weil die Mütter dasselbe Geschlecht wie ihre Töchter haben und selbst einmal Mädchen waren, neigen Mütter von Töchtern dazu, diese nicht in gleicher Weise als verschieden von sich selbst zu betrachten wie Mütter von Söhnen. In beiden Fällen empfindet die Mutter ein Gefühl der Einheit und Kontinuität mit ihrem Kind. Dieses Gefühl ist jedoch Töchtern gegenüber auf jeden Fall stärker und anhaltender. Die primäre Identifikation und die Symbiose mit Töchtern ist im allgemeinen stärker, und die Besetzung der Töchter behält eher narzißtische Elemente bei, d.h. basiert auf dem Erleben der Tochter als Erweiterung oder Verdoppelung der Mutter, während die Besetzung der Tochter als sexuell anderes Wesen normalerweise nur ein schwächeres, weniger signifikantes Thema ist. Mütter identifizieren sich normalerweise mehr mit ihren Töchtern und empfinden sie als weniger separat.

Weil sie sich von ihren Söhnen geschlechtlich unterscheiden, erleben Mütter, so Chodorow, diese als männliche Gegenstücke. Die Besetzung ihrer Söhne ist von Anfang an eher die eines sexuell Anderen, möglicherweise durch narzißtische Komponenten ergänzt. Gleichzeitig treibt das mütterliche Verhalten den Sohn in eine sexualisierte, genital getönte Beziehung. Um Mann werden zu können, muß der Junge sich früh aus der primären Beziehung zur Mutter lösen. Mit ihr fällt auch ein großer Teil seiner Gefühls- und Phantasiewelt der Verdrängung anheim. Seine Angst ist von nun an, in die primäre Beziehung zurückzusinken, da dieses die Zerstörung seiner männlichen Identität bedeutet.

Die Mutter-Tochter-Beziehung erleidet keinen derartigen Bruch. Die weibliche Persönlichkeit ist weniger auf Verdrängung und Abspaltung von Gefühlen aufgebaut, weil Töchter die Identifikation mit der Mutter nicht abwehren müssen. Sie erleben sich als kontinuierlich mit anderen verbunden. Der Knabe benötigt nach der Theorie Chodorows den Vater oder eine männliche Bezugsperson, um die Identifikation mit der weiblichen Mutter mittels einer männlichen Identifikation abwehren zu können.

Auf der Suche nach Männlichkeit erhält der Penis eine überdimensionale Bedeutung. Der Besitz des Penis und seine Männlichkeit symbolisieren Unabhängigkeit und Separatheit von der Mutter (Chasseguet-Smirgel 1974).

Welcher Zusammenhang besteht möglicherweise zwischen dem Identifikationswechsel des Knaben und seiner erhöhten Neigung zu aggressiver Konfliktlösung?

Die Bedrohung durch den Vater führte bei Herrn G. zu einer weiblichen, sehnsuchtsvollen Einstellung dem Vater gegenüber. Er unterwarf sich den Wünschen des Vaters, nahm den Lehrstellenplatz an, den sein Vater vorschlug oder trainiert, um dessen Wunsch nach einem Fußballstar zu erfüllen. Einerseits faszinierten ihn Ausländer, weil sie männlich sind, andererseits erlebt er sich aber auch hier in der weiblichen Position. Er ist als Opfer mit der Mutter identifiziert. Es werden die inneren Themen Opfer/Täter und weiblich/männlich in der Realität inszeniert. Nur in der Identifikation mit dem Aggressor erlebte er sich als männlich, wenn er einen Ausländer blutig geschlagen hatte. Dann hat er den Ausländer zur Frau (der blutenden Mutter) gemacht und er konnte sich als männlich erleben. Aggression dient der Stabilisierung männlicher Identifikation. Aggression wird häufig in der

Männergruppe ausgeübt. In Männergruppen klauen zu gehen oder männliche Mutproben bei Diebstählen zu bestehen, nicht zuletzt das Diebesgut selbst, dienen häufig dem symbolischen Erwerb eines Phallus, d.h. der Männlichkeit (vgl. Heinemann et al.1992).

Durch die dauerhaftere Identifikation des Mädchens mit der Mutter wendet dieses Aggression eher gegen das Selbst. Durch den eher identifikatorischen Umgang mit der Umwelt kann es Aggression, die nach außen gerichtet ist, leichter gegen sich selbst wenden. Die weibliche Identifikation ist stabiler, es ist aber auch gefährlicher, Aggression zu zeigen und damit Trennung zu riskieren, wenn man ausschließlich mit der Mutter identifiziert ist. So ist der Vorteil der weiblichen Entwicklung gleichzeitig auch ein Nachteil.

Mitscherlich (1987) zufolge ist die Fähigkeit des Mädchens, ein Gedächtnis für frühe Erlebnisse und Gefühle zu entwickeln, vorhanden, was beim Knaben durch den frühen Identifikationswechsel verkümmert. Über das Gedächtnis kann der Mensch tröstende und angstmildernde Funktionen mitmenschlicher Beziehungen nach Bedarf vor seinem inneren Auge wecken. Möglicherweise hemmt diese tröstende Funktion aggressives Verhalten bei Mädchen.

So scheint für beide Geschlechter eine stabile männliche und weibliche Identifikation, ein quasi androgynes Pendeln für die Entwicklung konstruktiver Aggression und deren Kontrolle von Vorteil zu sein. Hier wäre zu fragen, ob es Kulturen gibt, deren Sozialisationspraktiken eine andere Entwicklung der Geschlechtsidentität und der Aggression ermöglichen und welche Auswirkungen dies hat.

6 Aggressives Verhalten in verschiedenen Kulturen

Am Beispiel zweier Kulturen, in denen ich über einen längeren Zeitraum Feldforschungen durchführte (vgl. Heinemann 1990 und 1995), möchte ich das sehr unterschiedliche Verhalten in bezug auf Aggression bei Männern und Frauen in Abhängigkeit von der jeweiligen kulturellen Sozialisation darstellen.

Jamaika

Leben in Jamaika

Jamaika ist die drittgrößte Insel der Großen Antillen, einer Inselgruppe im Karibischen Meer, etwa 240 km lang und 60 bis 80 km breit. Die Bevölkerung besteht aus ca. 2,5 Millionen Einwohnern. Die indianischen Ureinwohner der Insel – Arawaks – wurden schon in früher Kolonialzeit fast völlig ausgerottet. Die Schwarzen Jamaikas sind Nachkommen der von den Engländern zur Plantagenarbeit ins Land gebrachten Sklaven. Nach Abschaffung der Sklaverei im Jahre 1834 wurden Kontraktarbeiter aus Indien und China verpflichtet, die überwiegend nach Ablaufen der Arbeitsverträge im Land geblieben sind. Etwa 97 % der Bevölkerung sind Schwarze (einschließlich Mulatten), 1 % Inder, 0,5 % Chinesen und 1 % Weiße.

Die Frauen übernehmen in der Karibik Mutter- und Vaterrolle. Mindestens ein Drittel der Haushalte wird von Frauen geleitet, die für durchschnittlich vier Personen aufkommen müssen. Etwa 83 % der Kinder werden nichtehelich geboren. Viele Frauen geben an, daß sie ihre Unabhängigkeit vorziehen, da sie die Gewalt und Bedrohung durch Männer fürchten.

Umstritten ist, ob die Existenz der Frauenhaushalte auf afrikanische Verhältnisse zurückgeht oder ob sie Produkt der Sklaverei sind, denn Sklaven war es verboten zu heiraten und Kinder zu bekommen. Es war preiswerter, einen Sklaven zu kaufen als ihn großzuziehen. Nach etwa neun Monaten hatte sich ein in der Karibik ankommender Sklave amortisiert.

Die Frauenhaushalte sind vom Kampf gegen die Armut gezeichnet. Das Kind kann zwar emotional sicher sein, daß es bei irgendeinem Familienmitglied aufwächst, es ist aber ständig bedroht, sich von seinen Verwandten trennen zu müssen und wieder in einen anderen Haushalt geschickt zu werden. Etwa 30 % der Mütter lassen einen Teil ihrer Kinder in einem anderen Haushalt großziehen. Lebt die Mutter beispielsweise in den Slums der Hauptstadt, schickt sie einen Teil der Kinder zu Verwandten auf das Land. Meist leben die Mütter noch bei ihren Müttern, wenn die ersten Kinder kommen. Gehen sie einen eigenen Haushalt gründen, können sie aus finanziellen Gründen die Kinder nicht mitnehmen. Diese bleiben bei der Großmutter oder anderen Verwandten.

Die Erziehung der Kinder ist von wenig Triebunterdrückung aber strenger Disziplin geprägt. Die ersten neun Monate werden die Kinder gestillt, wann immer sie wollen. Unter- und Mangelernährung gehören aber auch zu den Lebensbedingungen. Ein Sauberkeitstraining ist kaum vorhanden, Kinder laufen meist halbnackt im »yard« (Hof) herum und urinieren, wo sie gerade stehen. Obwohl Kinder in überfüllten Räumlichkeiten von klein auf mit Sexualität konfrontiert sind, findet in der Regel eine Sexualerziehung nicht statt. Sexualität wird schon sehr früh ausgeübt, bei 16 % aller Geburten sind Teenager die Mütter.

Im Gegensatz zur Triebfreiheit gibt es eine strenge Disziplin. Leichte Schläge (mit der Hand, einem Stock) sind häufig, meist bleibt es aber bei Drohungen: »A child must be seen, not heard« (ein Kind soll man sehen, nicht hören). Respekt wird hoch eingeschätzt. Schon sehr früh müssen kleine Kinder im Haus arbeiten oder gehen für einen geringen Lohn arbeiten.

Bewältigung von Aggression und Männlichkeit in den traditionellen Erzählungen

Erzählungen und Mythen bieten den Hörern Identifikationsmöglichkeiten, wir können auch sagen Lernmodelle und Strategien zur Bewältigung von kulturtypischen Konflikten. Betrachten wir zwei jamaikanische Erzählungen im Hinblick auf Aggression und Männlichkeit.

Anancy, der Spinnenmann, gilt als Inbegriff jamaikanischer Mentalität und Identität. Anancy ist klein, lispelt und ist ein Schuft, der die Stärkeren austrickst. Er überlistet die Stärkeren und bekommt schließlich, was er möchte. Seine ungeheure Gier nach Essen und sein Neid gehören zu seinen Wesensmerkmalen. Aber Anancy ist ein liebenswerter Schuft.

Bandalee

Geflüster ging durch den Wald. Wann immer zwei Kreaturen des Waldes zusammentrafen, steckten sie ihre Köpfe zusammen und flüsterten. Sie flüsterten sich zu, daß Landschildkröte ein sehr reicher Mann geworden war. Anancy hörte das Geflüster.
»Ich habe nie gewußt, daß Landschildkröte so reich ist«, sagte sich Anancy. »Ich dachte, daß er ein armer Mann ist. Er hat zudem keinen Verstand, so hat er auch kein Recht, reich zu sein. Ich habe niemals jemand langsamer laufen sehen als Landschildkröte, außer Bruder Wurm. Es wird nicht schwer sein, etwas von seinem Geld zu nehmen.«
Anancy krabbelte unter sein Bett und zog aus der dunkelsten Ecke eine alte Kassette, die er benutzte, um seine Ersparnisse zu verstecken, hervor. Langsam zählte er sie und das Zählen dauerte nicht lange, weil er so wenig Geld hatte. »Es muß arbeiten«, sagte er und ging los zur Bank. Er deponierte sein Geld bei der Bank und ging dann zu Landschildkrötes Haus.
Nun passierte es, daß Landschildkröte eine viel weisere Kreatur war, als er erschien. Er bewegte sich langsam, aber er konnte schnell denken. Als er Anancy kommen sah, erriet er, daß es einen Grund gab für seinen Besuch, und so wies er seine Frau und Kinder an, sich zu verstecken, solange er mit Anancy redet.
»Guten Morgen, Bruder Landschildkröte«, sagte Herr Anancy, der ein wenig atemlos war, weil er so schnell gelaufen war. »Es ist lange her, daß wir zwei uns trafen.« Landschildkröte verbeugte sich, sagte aber nichts. »Es ist lange her, daß ich dir einen freundlichen Besuch abstattete«, sagte Anancy. Landschildkröte verbeugte sich wieder, sagte aber

nichts. »Ja, eine lange Zeit«, sagte Anancy. »Um dir die Wahrheit zu sagen, du würdest mich heute überhaupt nicht sehen; aber ich ging lange spazieren und, als ich müde wurde, bog ich hier ab auf meinem Nachhauseweg, um mich ein wenig auszuruhen. Ja, ich ging zur Bank etwas Geld einzahlen, denn wenn wir kein Geld sparen, werden wir niemals welches haben.« »Das ist wahr«, sagte Landschildkröte, der sich immer noch wunderte, warum Anancy gekommen war. »Weißt du, Landschildkröte«, sagte Anancy, »vielleicht können wir einen Handel machen. Du hast Geld auf der Bank. Ich habe Geld auf der Bank. Ich will mehr und du willst mehr. Nun nimm einmal an, wir würden vereinbaren, zur Bank um die Wette zu rennen. Der Gewinner bekommt alles Geld, das uns beiden gehört.«
Landschildkröte war einen Moment still und erklärte sich einverstanden. Er durchschaute Anancy. Landschildkröte wußte, daß Anancy vorschlagen würde, daß jeder einen verschiedenen Weg nimmt. Ein Weg folgte dem Fluß und der andere verlief etwas auf der Böschung. In kleinen Abständen gab es Kreuzungen zwischen den beiden. Am frühen Morgen des Tages des Wettrennens gingen Herr Landschildkröte und seine Kinder entlang des Weges am Fluß; und wo immer eine Kreuzung war, setzte sich eines der Kinder nieder, um zu warten. Denn Landschildkröte und seine Kinder sahen sich so ähnlich, daß niemand sie unterscheiden konnte. Herrn Landschildkrötes ältester Sohn nahm bei der letzten Kreuzung Stellung. Sowie er sicher war, daß das Rennen begonnen hatte, plante er, zur Bank zu rennen, um all das Geld zu erhalten, und dann nach Hause zu gehen durch den Wald.

Alle Tiere des Waldes waren gekommen, das Rennen zu sehen. Einige standen am Startplatz, einige warteten außerhalb der Bank. Bald kam Anancy, lächelnd und voll Zuversicht. Fast konnte er schon das Gewicht von Landschildkrötes Geld in seiner Tasche fühlen. Dumme, alte Landschildkröte. Schaut ihn an, dachte Anancy, als er den anschaute, den er für Herrn Landschildkröte hielt, der aber in Wirklichkeit Herrn Landschildkrötes ältester Sohn war. Genau wie Landschildkröte dachte, schlug Anancy vor, daß sie verschiedene Wege entlang rennen und sich von Zeit zu Zeit zurufen sollten. Landschildkrötes ältester Sohn nickte mit dem Kopf, um anzuzeigen, daß er einverstanden war; und Anancy rief – eins, zwei, drei – und weg waren sie. Bald war Anancy Landschildkröte weit voraus, aber als er zur ersten Kreuzung kam und ausrief, »Du Schildkröte, du Schildkröte«, hörte er eine Stimme erwidern: »Anancy oh, Anancy oh, bandalee, bandalee ...«

Anancy war sich sicher, daß er Landschildkröte weit hinter sich gelassen hatte, so verlangsamte er sein Tempo und ging in die Bank als ob er der Eigentümer wäre. Er fragte nach seinem und Landschildkrötes Geld, aber der Bankangestellte erzählte ihm, daß er das Geld schon Landschildkröte gegeben habe.

»Was«, keuchte Anancy, »soll das heißen, daß Landschildkröte zuerst hier war?« »Ja«, sagte der Bankangestellte. »Landschildkröte kam vor 15 Minuten herein.« »Sind Sie sicher, daß es Landschildkröte war?« fragte Anancy. »Sehr sicher«, sagte der Bankangestellte. »Ich kenne Landschildkröte gut und ich gab ihm das Geld.«

Anancy eilte hinaus so schnell ihn seine Füsse tragen konnten. In der Ferne sah er Landschildkröte sich herumplagen. »Zu denken, daß der Nölpeter mich im Rennen geschlagen hat«, schrie Anancy. »Stopp, Schildkröte, stopp.« Landschildkröte hielt nicht an, aber Anancy hatte ihn schnell eingeholt. »So, du hast also das Rennen gewonnen«, sagte Anancy. »Gut, gut, wer hätte das gedacht? Laß uns zusammen nach Hause gehen.«

Arme Landschildkröte war sehr ängstlich. Wie immer, Anancy war sehr freundlich, so daß sich Landschildkröte schnell beruhigte. Schweigend gingen sie nebeneinander bis sie zu einer Brücke kamen. Anancy sah seine Chance. »Laß uns beide tauchen«, sagte er, »und sehen, wer am längsten unter Wasser bleiben kann.«

Landschildkröte freute sich, wie gut Anancy seine Niederlage eingesteckt hatte und er war sofort einverstanden. Nebenbei war er auch stolz auf seine Tauchkünste. Dies war die Sache, bei der er sicher war, Anancy jederzeit zu schlagen. Er legte seinen Sack Gold am Rand der Brücke nieder und beide, Anancy und Landschildkröte, tauchten gleichzeitig unter.

Landschildkröte blieb unter Wasser so lang er nur konnte. Sicher würde Anancy das zweite Mal an einem Tag verlieren. Dann tauchte er auf, aber, herrje, beide, Anancy und das Geld, waren weg. (Sherlock 1979, S. 36 ff., übersetzt und gekürzt, E.H.).

Die Geschichte erinnert an das europäische Märchen vom Hasen und Igel. Möglicherweise ist hier der englische Einfluß in Jamaika sichtbar. Das Ende der Geschichte ist jedoch verschieden, was darauf hinweist, daß sie anderen psychischen Bewältigungsformen dient. Nicht der, der sich rechtschaffen das Geld erworben hat, ist der Gewinner, sondern Anancy, der durch einen Trick das ganze Geld stiehlt. Anancy glaubt, daß Landschildkröte kein Recht hat, reich zu sein. Anancy stiehlt zu guter letzt Landschildkröte das redlich erworbene Geld. In Jamaika weckt Besitz Neid und Aggression. Neid wird abgewehrt, indem man mit anderen teilt, so daß alle gleich wenig haben. Diese Regelung dient auch dem Überleben in einer Kultur der Armut.

Während meines Aufenthaltes in Jamaika hatte ein junger Mann seinen Job verloren und umgerechnet ca. 3000 DM ausgezahlt bekommen, was für den größten Teil der Bevölkerung ein wahres Vermögen ist. Der junge Mann mußte nach Erhalt des Geldes jedesmal, wenn er in eine Bar ging, allen Anwesenden Getränke spendieren, da es selbstverständlich ist, daß der, der besitzt, teilt. Er investierte das restliche Geld in ein Geschäft, lieh ein Teil des Inventars Freunden und war bald mittellos wie zuvor.

In Jamaika hat sich ein Überlebensmuster entwickelt, das Produkt der Versklavung ist, das Widerstand gegen die europäischen Regeln ermöglicht, es ist aber auch ein auf traditionell afrikanischer Gemeinschaft basierendes Prinzip der Gruppenverantwortung. Nicht individueller Besitz, sondern die Zugehörigkeit zur Gemeinschaft gehören zu den Grundprinzipien, die Neid und die dazugehörige Aggression bewältigen helfen und das Überleben der Gemeinschaft sichern.

Wie sieht es mit der Entwicklung der Männlichkeit in Jamaika aus? Wie etwa wirkt sich die fast ausschließliche Abhängigkeit von Müttern und Großmüttern auf die Entwicklung von Männlichkeit aus?

Vom Tiger bis zu Anancy

Es war einmal vor langer, langer Zeit als der Tiger König des Waldes war. Am Abend, wenn alle Tiere in einem Kreis zusammensaßen und erzählten und zusammen lachten, pflegte Schlange zu fragen: »Wer ist der Stärkste von uns allen?« »Tiger ist der Stärkste«, schrie Hund. »Wenn Tiger flüstert, lauschen die Bäume. Wenn Tiger ärgerlich ist und brüllt, zittern die Bäume.«

»Und wer ist der Schwächste von allen?« fragte Schlange. »Anancy«, jauchzte Hund, und alle lachten zusammen. »Anancy, die Spinne, ist der Schwächste von uns allen. Wenn er flüstert, hört keiner zu. Wenn er schreit, lacht jeder.«

Nun trafen sich eines Tages der Schwächste und der Stärkste von Angesicht zu Angesicht: Anancy und Tiger. Sie trafen sich in einer Lichtung des Waldes. Die Frösche, die sich unter den kühlen Blättern versteckten, sahen sie. Die hellgrünen Papageien in den Ästen hörten sie. Als sie sich trafen, verbeugte sich Anancy so tief, daß seine Stirn den Boden berührte. Tiger grüßte ihn nicht. Tiger schaute Anancy nur an. »Guten Morgen, Tiger«, rief Anancy. »Ich wollte dich um einen Gefallen bitten.«

»Und was ist es, Anancy?« sagte Tiger.

»Tiger, wir alle wissen, daß du der Stärkste von uns bist. Deshalb benannten wir viele Dinge nach deinem Namen. Wir haben Tigerlilien und Tigergeschichten und Tigermotten, und Tiger dies und Tiger das. Jeder weiß, daß ich der Schwächste von allen bin. Deshalb trägt nichts meinen Namen. Tiger, laß etwas nach dem Schwächsten benannt werden, so daß man auch meinen Namen kennt.«

»Gut«, sagte Tiger ohne Anancy auch nur eines Blickes zu würdigen, »was möchtest du, das es deinen Namen trägt?« »Die Geschichten«, rief Anancy. »Die Geschichten, die wir im Wald erzählen, wenn die Sonne untergeht, die Geschichten von Bruder Schlange und Bruder Tacumah, Bruder Kuh und Bruder Vogel und von uns allen.«

Nun mochte Tiger diese Geschichten und wollte diese als Tigergeschichten behalten. Er dachte sich, wie dumm, wie schwach dieser Anancy ist. Ich werde ihn austricksen, so daß alle Tiere des Waldes über ihn lachen. Tiger bewegte seinen Schwanz langsam von einer Seite zur anderen. »Sehr gut, Anancy, sehr gut. Ich werde die Geschichten nach dir benennen, wenn du tust, worum ich dich bitte.« »Tiger, ich werde tun, was du verlangst.« »Ja, ich bin sicher, das wirst du, ich bin sicher, das wirst du«, sagte Tiger, seinen Schwanz langsam von einer Seite zur anderen bewegend. »Es ist eine Kleinigkeit, um die ich dich bitte. Bring mir Herrn Schlange lebend. Kennst du Schlange, der unten am Fluß lebt, Herr Anancy? Bring ihn mir lebend und du kannst die Geschichten haben.«

»Tiger, ich werde tun, was du verlangst«, sagte Anancy. Bei diesen Worten brach eine Welle des Gelächters im Wald aus. Die Frösche und Papageien lachten. Tiger lachte am lautesten von allen, denn wie sollte der schwache Anancy Schlange lebend fangen? Anancy ging fort. Er hörte den Wald von allen Seiten über ihn lachen.

Das war am Montagmorgen. Anancy saß vor seinem Haus und schmiedete einen Plan nach dem anderen ...

Nun war es Samstagmorgen. Dies war der letzte Tag. Anancy ging am Fluß spazieren. Er kam am Loch vorbei, in dem Schlange lebte. Dort war Schlange, sein Körper im Loch versteckt, sein Kopf ruhte am Boden des Locheingangs. Es war früher Morgen. Schlange beobachtete den Sonnenaufgang über den Bergen.

»Oh, du bist zu schlau, Schlange«, sagte Anancy. »Du bist viel zu schlau. Ja, was du sagst ist richtig. Ich versuchte, dich zu fangen, aber ich versagte. Jetzt kann ich nicht mehr beweisen, daß du das längste Tier der Welt bist, länger selbst als der Bambusbaum.«

»Sicher bin ich das längste aller Tiere«, schrie Schlange. »Ich bin viel länger als der Bambusbaum.« »Was, länger als der Bambusbaum dort drüben?« fragte Anancy. »Sicher bin ich das«, sagte Schlange. »Schau und sieh.« Schlange kam aus dem Loch heraus und streckte sich bis zur vollen Länge aus.

»Ja, du bist sehr, sehr lang«, sagte Anancy, »aber der Bambusbaum ist auch sehr lang. Nun, wenn ich dich so ansehe und den Bambusbaum, muß ich sagen, daß der Bambusbaum länger zu sein scheint. Aber es ist schwer zu sagen, weil der Bambusbaum so weit weg ist.«

»Gut, bring ihn näher«, schrie Schlange. »Fälle ihn und lege ihn neben mich. Du wirst schnell sehen, daß ich viel länger bin.«

Anancy rannte zum Bambusbaum und fällte ihn. Er legte ihn auf den Boden und schnitt alle Äste ab. Klopf, klopf, klopf, klopf! Da war er, lang und gerade wie eine Fahnenstange.

»Leg ihn jetzt neben mich«, sagte Schlange. Anancy legte den langen Bambusbaum auf den Boden neben Schlange. Dann sagte er: »Schlange, wenn ich hochgehe, um zu sehen, wo dein Kopf ist, wirst du hochkriechen. Wenn ich runtergehe, um zu sehen, wo dein Schwanz ist, wirst du runterkriechen. Auf

diese Weise wirst du immer länger scheinen als der Bambusbaum, der in Wirklichkeit länger als du ist.«
»Dann binde meinen Schwanz fest!« sagte Schlange.
Anancy rannte zu ihm hoch. »Ruhe dich ein wenig aus, Schlange, und dann strecke dich wieder. Wenn du dich noch 15 Zentimeter weiter strecken kannst, wirst du länger als der Bambus sein. Versuche dein bestes. Strecke dich so, daß du selbst die Augen schließen mußt. Fertig?«
»Ja«, sagte Schlange. Dann strengte sich Schlange mächtig an. Er streckte sich so sehr, daß er seine Augen zudrücken mußte. »Hurra!« schrien die Tiere. »Du gewinnst, Schlange. Nur noch 5 Zentimeter.« Und in diesem Augenblick band Anancy Schlanges Kopf am Bambus fest. Da war er. Zuletzt hat er Schlange doch noch gefangen, ganz allein.
Die Tiere wurden ruhig. Ja, da war Schlange, ganz festgebunden, fertig, um zu Tiger transportiert zu werden. Und Schwächling Anancy hat dies getan. Sie konnten über ihn nicht mehr lachen.
Und niemals wieder wagte Tiger die Geschichten nach seinem Namen zu nennen. Danach waren sie für immer Anancy-Geschichten, von damals bis zum heutigen Tag (Sherlock 1979, S. 3 ff., übersetzt und gekürzt, E.H.).

Diese Geschichte zeigt sehr schön, welch tiefe Ängste bezüglich der eigenen Männlichkeit bestehen. Die Schlange ist in vielen Kulturen Phallussymbol. Der Phallus symbolisiert Macht und Anerkennung. In Jamaika wird das männliche Glied »Bambus« genannt. Nur wenn er den längsten »Bambus« der Welt hat, wird der Mann respektiert, lacht man ihn nicht mehr aus. Die Überbetonung des Männlichen wirkt der starken weiblichen Identifizierung entgegen. Wie kränkbar und verletzlich Knaben durch das Fehlen männlicher Modelle oder Identifikationsfiguren sind, zeigt die Geschichte. Der Tiger, eine Vaterfigur, ist niemand, mit dem Anancy sich identifizieren kann, dieser versucht Anancy auszutricksen, macht sich über ihn lustig.

Diese Krise in der männlichen Entwicklung beruht nicht auf den Traditionen Afrikas, in denen Knaben in der Männergruppe eine stabile Entwicklung erlebten. Sie ist Produkt der Gewalt der Versklavung und erzeugt erneut Gewalt.

Bewältigung von Aggression durch Humor und traditionelle Riten

Zu den wichtigsten Formen der Aggressionsbewältigung zählt der Humor im Alltag Jamaikas. Über sich und andere zu lachen, ermöglicht dem Ich die Kontrolle über Gefühle von Kleinheit und Kränkungen und verhindert das Entstehen von Aggression (vgl. Kohut 1973).

Über Anancy, seinen Sprachfehler, seine Gier und Kleinheit wird beim Erzählen herzhaft gelacht. Bei meinen Gesprächen mit »Killern« (Mördern) und »Gunmen« (Revolvermänner) entspannte sich die Situation immer wieder durch Humor. Auf meine Handtasche anspielend, fragte mich ein junger »Gunman«, wieviel Geld ich bei mir habe. Ich lachte und sagte scherzend, daß sich das nicht lohnen würde und daß er doch wohl einer jungen, netten Frau kein Geld wegnehmen werde. Alle Anwesenden lachten.

Der Umgang mit Konflikten und Aggression wird traditionell durch Riten geregelt. In Jamaika hat sich die traditionelle Vorstellungswelt Afrikas erhalten. Man glaubt, daß der Einzelne einen Körper, einen Geist und eine Seele (das Göttliche) besitzt. Nur der Körper verfällt mit dem Tod. Der Geist kann als Ahnengeist (Duppy) weiter mit den Lebenden interagieren und diese besessen machen. Durch Salz oder rote Kleidung kann man sich vor den Geistern schützen. Es gibt Heilerinnen, die in ihren Heilhöfen (balmyards) durch rituelle Waschungen einen Geist aus dem Körper eines Besessenen treiben können (Abb. 5a,b). Es gibt aber auch sogenannte Obeah-Männer, die die Fähigkeit besitzen, Geister auf jemanden anzusetzen.

Bei aggressiven Konflikten, bei Nachbarschaftsstreitereien oder Eifersuchtskonflikten beispielsweise, kann man zum Obeah-Mann gehen. Man erhält ein sogenanntes obi, ein Säckchen mit verschiedenen Ingredienzien wie Rum, Eierschalen usw. und wirft dieses Säckchen dem Nachbarn oder der Nebenbuhlerin in den Garten. In Todesangst sucht dieser oder diese Schutz bei einer Heilerin oder einem anderen Obeah-Mann und erhält ein Gegenmittel. Bei einem meiner Besuche bei einer Heilerin traf ich eine junge Frau, die unter Kopfschmerzen litt. Sie glaubte, daß die Kopfschmerzen durch einen Duppy verursacht wurden, den ihre Nebenbuhlerin mit Hilfe eines Obeah-Mannes auf sie angesetzt habe. Die Heilerin führte viele Gespräche mit ihr über ihre schwierige Beziehung mit ihrem Mann, führte rituelle Waschungen durch und verkaufte ihr einen Ring zum Schutz vor dem Duppy. Eine andere Jamaikanerin:

 Als ich schwanger war, kämpfte meine Schwester mit einer Frau aus der Nachbarschaft und wurde dabei von einem Stein an den Augenbrauen verletzt. Die Frau glaubte, daß meine Schwester ein Verhältnis mit ihrem Freund hatte. Bei dem Kampf verletzte mich diese Frau mit einem Stock am Rücken. Ich

Abb. 5a,b. Heilerin auf Jamaika. **a** Eine Frau sucht Hilfe. **b** Der Altar der Heilerin. Die Eingebung erfolgt durch Lesen in der Bibel oder Schreiben mit »Drachenblut«. Mit dem Wasser in der Schüssel wird der Geist aus dem Korper gelockt.

zeigte sie bei Gericht an. Der Richter sagte, daß sie wegen Totschlags verurteilt werden würde, wenn ich mein Baby verlieren sollte. Die Frau ging zu einem Obeah-Mann. Eines abends, als ich zu Hause war, sah meine Mutter den Geist. Sie war stark und sagte: »Komm herein, du lebst hier nicht, wir werden dich ein zweites Mal töten.« Der Geist rannte weg. Ein anderes Mal versteckte sich der Geist hinter der Toilette. Meine Mutter sah ihn und schüttete Wasser über ihn. Wir gingen zu einer Heilerin und ich erhielt Bäder. Der Duppy siegte nicht und die Frau kam zu einem Gespräch zu uns. Heute sind die Frau und ich Freunde. Wir lachen und reden miteinander, aber tief im Herzen habe ich noch Angst vor der Frau.

Wir sehen, daß diese traditionellen Umgangsformen eine Form der Aggressionskontrolle darstellen. Aggressionen werden auf die Geister projiziert. Man kann sich vor Aggression besser schützen, wenn sie von außen kommt. Die Projektion von Aggression auf Geister verhindert oder vermindert das direkte Austragen aggressiver Konflikte. Allein die Drohung, daß jemand zum Obeah-Mann geht, wirkt so angsterregend, daß man sich lieber einigt. Die Institution der Heilhöfe bietet zusätzliche Hilfe, indem die Heilerinnen nicht nur Waschungen, sondern regelrechte psychotherapeutische Gespräche mit den Betroffenen führen (vgl. Heinemann 1990).

Aggression und Gewalt in Jamaika

Jamaika ist heute ein Land mit extremer Gewaltkriminalität. Kamen in den USA 1988 auf 100000 Einwohner 7,9 Morde, so waren es in der BRD 1,5 und in

Jamaika 1989 18,5 Morde. 1994 kamen in Jamaika bereits 27,6 Morde auf 100000 Einwohner (BRD 1993:1,7, Bundeskriminalamt 1994). Die meisten Opfer sind ungelernte oder arbeitslose Männer. 1993 waren von 653 Mordopfern 589 männlich, die meisten zwischen 19 und 25 Jahre alt (Ministry of National Security and Justice 1993 und 1994).

Gewalttäter sind zu etwa einem Fünftel Jugendliche unter 17 Jahren. 64 % der wegen schwerer Kriminalität verurteilten Menschen sind unter 25 Jahre alt, die meisten von ihnen kommen aus den Frauenhaushalten der Slums der Hauptstadt. Als »Killer« und »Gunmen« sind diese männlichen Jugendlichen meist in Gemeinschaften zusammengeschlossen. Oft geringfügige Anlässe führen zu heftigen aggressiven Handlungen. Meist führt die Weigerung, dem Räuber das Gewünschte zu geben, zu brutaler Gewalt.

Die durch die Gewalt der Versklavung zerstörten Familienstrukturen hinterlassen Sozialisationsbedingungen, die eine verletzbare, krisenhafte männliche Entwicklung fördern. Traditionelle Riten spielen in der durch Amerika beeinflußten Gesellschaft eine zunehmend geringere Bedeutung, auch wenn sie heute noch für einen großen Teil der Bevölkerung Orientierung und Lebensbewältigung ermöglichen. Drogenhandel und Tourismus tun ein übriges, Aggression direkt in Form von Gewaltkriminalität auszutragen. Neid, Gier und verletzte Gefühle männlicher Größenvorstellungen lassen sich nicht mehr mit Humor oder über Geistervorstellungen bewältigen. Ein Gunman aus der Hauptstadt berichtet:

> Ich wuchs mit meiner Mutter, drei älteren Schwestern, drei älteren und einem jüngeren Bruder auf. Mein Vater ging nach England als ich 1 1/2 Jahre alt war. Die Kinder hat meine Mutter von drei ver-

schiedenen Männern. Über meinen Vater bin ich enttäuscht, er hätte mehr für uns tun können. Die größte Enttäuschung in meinem Leben ist, daß ich meinen Vater nur für einen Monat sah, als er einmal aus England zu Besuch kam. Mit 21 ging ich nach Kingston und wohnte bei meinem Cousin. Ich arbeitete in einer Fabrik. Zweimal bin ich dann auf dem Nachhauseweg, nachdem ich meinen Wochenlohn erhalten hatte, ausgeraubt worden. Der Mann war ein bekannter Gunman. Er bedrohte mich, nannte mich verächtlich »Countryboy« (Landjunge) und nahm mir Geld und mein Messer ab. Ich wußte, wer es war, und wollte Rache nehmen. Mein Cousin gab mir seinen Revolver, ich ging zu dem Gunman und drohte, ihn mit dem Revolver zu töten, wenn er mich nicht in Ruhe läßt.

Ein Gunman will Geld und vor allem Ruhm. Je mehr Angst man vor einem Gunman hat, desto mehr wird er respektiert. Nur durch einen eigenen Revolver kannst du dir Respekt verschaffen. In der Gruppe der Gunmen gibt es eine strenge Hierarchie. Der Oberste ist der Don. Ein Don wird nicht alt. Die größte Gefahr kommt aus der eigenen Gruppe. Jeder neidet den Ruhm und den größeren Revolver des anderen. Wenn du einen 500er hast und ich nur einen 250er, will ich deinen haben. Wenn jemand sich einen Revolver ausleiht und ihn nicht zurückgibt, gibt es Krieg. Wenn du mit einem Revolver herumläufst, respektieren dich alle. Es ist ein ganz besonderes Gefühl, jemand deinen Revolver zu zeigen. Manche würden dir die Schuhe putzen, wenn sie deinen Revolver sehen. Jeder will mehr Ruhm. Gunmen töten sich untereinander in Bandenkriegen oder um eine höhere Position in der eigenen Gruppe zu haben. Wenn man zu einer Ban-

de in einer anderen Gemeinde überwechselt, muß man zum Beweis der Loyalität jemand aus der alten Bande töten. Je höher der Rang des Getöteten, desto höher wird dein Rang. Deshalb werden die Dons nicht alt.
Gunmen töten keine Frauen. Sie schützen die Frauen und die Gemeinde. Meine größte Angst ist, im Gefängnis mit einem Homosexuellen in einer Zelle eingesperrt zu werden. Ich würde eher sterben oder diesen umbringen. Wenn ich von einem Homosexuellen Essen oder eine Zigarette annehmen würde, würden die Gunmen nicht mehr mit mir reden oder mich töten. Selbst wenn ich nicht wußte, daß der Mann ein Homosexueller war. Auf der Straße töten wir Homosexuelle. In der Gruppe der Gunmen bist du sauber. Wir hängen im gemeinsamen Hof zusammen herum, kochen und versuchen uns mit unseren Taten gegenseitig zu beeindrucken.

Die Ähnlichkeit der Ängste – das Erleben extremer Bedrohung, die Suche nach männlicher Identifikation und die Angst vor homosexueller Überwältigung – zwischen Herrn G. und dem Gunman aus Kingston/Jamaika sind bei aller Differenz der Kulturen erstaunlich. Die überdimensionale Bedeutung des Revolvers als Männlichkeitssymbol ist frappierend. Im Gegensatz zu weiblichen Formen der Aggression, Frauen kämpfen zum Beispiel aus Eifersucht miteinander oder gehen zum Obeah-Mann, ist männliche Aggression offenbar durch die Verknüpfung mit der Suche nach männlicher Geschlechtsidentität im Kollektiv gefährlicher und zerstörerischer.

Palau

Leben in Palau

Die Republik Palau gehört zu den Karolineninseln des Pazifischen Ozeans, nur 750 km östlich der Philippinen gelegen. Palau ist eine Inselkette, die sich von Norden nach Süden auf 105 km Länge hinzieht. Von den Inseln sind nur sechs bewohnt. Die Gesamtbevölkerung betrug 1990 15122 Einwohner, von denen 10493 in der Hauptstadt Koror lebten. 1885 wurde Palau Spanien zugesprochen, 1899 wurden die Inseln an Deutschland verkauft und 1914 von den Japanern besetzt. Nach dem 2.Weltkrieg wurde Palau unter die Treuhandschaft der USA gestellt. Seit 1981 ist Palau eine unabhängige Republik.

Palau ist eine matrilineare Kultur, d.h. die Kinder eines Ehepaares gehören zum Klan der Mutter. Der Klan besteht aus einem weiblichen und einem männlichen Oberhaupt. Die Beziehung zwischen Ehefrau und Ehemann ist nur Teil einer wichtigeren Tauschbeziehung zwischen dem Ehemann und seinen Schwestern auf der einen und der Ehefrau und ihren Brüdern auf der anderen Seite. Die Seite der Ehefrau muß der Seite des Ehemannes Essen und Dienste liefern, der Ehemann muß der Seite der Ehefrau palauisches Geld geben. Das Geld erhält der Ehemann von seinen Schwestern, das Essen und die Dienste liefert die Ehefrau mit Hilfe der Ehefrauen ihrer Brüder.

Macht und Ansehen der Frauen beruht auf dem Einkommen als Ehefrau. Der Reichtum eines Klans steigt mit der Anzahl der weiblichen Mitglieder. Töchter machen den Klan reich, Söhne machen ihn arm. Der Mann ist zur Erfüllung seiner Pflichten abhängig von der Großzügigkeit seiner Schwester. Diese muß ihn bei seinen Geschäften unterstützen und finanziert ihm beispielsweise den Bau seines Hauses.

Der zweite Pfeiler der Macht der Frauen beruht auf der Vergabe von Titeln. Das Land Palau, jeder Distrikt und jedes Dorf ist in zwei Hälften geteilt. Jede Hälfte wird von einer Versammlung geleitet. Die Männerversammlung regelt die Angelegenheiten der Männer, vor allem Politik und früher Krieg, die Frauenversammlungen regeln die Angelegenheiten der Frauen. Jede Versammlung hat ihre eigene Gerichtsbarkeit. Die Oberhäupter der Klane sind in den Versammlungen vertreten. Sowohl das weibliche wie das männliche Oberhaupt wird von den Frauen des Klans gewählt. Ein Mann wird vor allem nach seinem guten Verhalten im Klan und in der Öffentlichkeit ausgesucht. Einem unfähigen Titelhalter können Frauen auch den Titel entziehen, was aber selten vorkommt.

Der dritte Pfeiler der Macht der Frauen ist ihre Stellung innerhalb der Religion. Frauen sind für die Durchführung sämtlicher Riten bei Schwangerschaft, Geburt eines Kindes und Tod verantwortlich. Sie haben als Baumleserinnen heilende und psychotherapeutische Aufgaben und vermitteln als von den Göttern ausgewählte Medien zwischen den Göttern und den Menschen.

Frauen und Männer gehören eigenständigen Bereichen an. Es gibt Frauen- und Männerarbeiten, Männer gehen Fischen und Jagen, Frauen arbeiten in den Tarofeldern. Knaben sollen bei ihren Tätigkeiten begabt und mutig werden, Mädchen glücklich und fleißig.

Vom 6. Lebensjahr an wird der Knabe mehr und mehr im Männerklub erzogen. Bis zu diesem Zeitpunkt ist er fast ausschließlich unter der Aufsicht der Frauen. Auch die Mädchen schließen sich einem Frauenklub an, mit dem sie zusammen altern. Kindern wird eine große Triebfreiheit zugestanden, sie werden gestillt, wann immer sie danach verlangen. Eine Mutter wurde traditionell die ersten 10 Monate nach der Geburt eines Kindes von jeder Arbeit freigestellt und im Haus ihrer eigenen Mutter mit Delikatessen versorgt, damit sie sich ganz dem Stillen ihres Kindes hingeben konnte. Diese frühe Bindung an die Mutter wird aber jäh unterbrochen, wenn ein neues Geschwisterchen kommt. Diese Trennungserfahrung wird noch erhöht durch die allgegenwärtige Gefahr der Adoption. Um die Bindung im Klan zu stärken und ein ausgewogenes Geschlechterverhältnis herzustellen, wird fast die Hälfte aller Kinder in irgendeiner Weise adoptiert. Meist wird ein Kind innerhalb des mütterlichen Klans adoptiert. Die Erziehung erfolgt ohne Strenge, Kinder sollen durch Beobachtung lernen, ein guter Mensch zu werden. Respekt, Demut, Gehorsam und Güte sind Erziehungsziele, die die Unterordnung unter die strengen Regeln der Gemeinschaft sichern. Nicht individuelle Autonomie, sondern die Einordnung in die Gruppe gehören zur Grundstruktur der Gesellschaft (vgl. Heinemann 1995).

Bewältigung von Aggression und Männlichkeit in den traditionellen Erzählungen

Aggression taucht in den Mythen Palaus vor allem als Folge von Neid auf. Das gesamte System der Teilung in zwei Seiten hat das Ziel der Machtbalance. Der Tausch muß immer ausgeglichen sein, sonst entsteht Aggression.

Wie aus Freunden Feinde wurden

Die Götter Medechiibelau aus Airai und Itungelbai aus Aimeliik waren gute Freunde. Eines Tages besuchte Medechiibelau Itungelbai, der seinen großen Schwarm von Milchfischen (»meas«) hütete, und fragte seinen Freund, ob er dessen Fische nur so zum Spaß um die Insel Babaldaob herumspazierenführen könne. Itungelbai erlaubte es ihm unter der Bedingung, ihm die Fische sofort zurückzubringen. Medechiibelau trieb die Fische in Richtung seiner Heimat Airai. Der Betrug seines Freundes erzürnte Itungelbai, und er warf Meeresmuscheln hinter Medechiibelau her, aber er hatte Airai bereits erreicht. Seit dieser Zeit erscheint der Milchfisch etwa dreimal im Jahr in großer Zahl vor Airai, und die Menschen dort feiern dieses Ereignis mit einem großen Fest und laden dazu die Nachbardörfer ein. Aimeliik dagegen hat einen Überfluß an Meeresmuscheln (Briones 1990, S. 17, übersetzt und gekürzt, E.H.).

Der Neid auf die Milch(fische) des Freundes (Bruders) führt zu Aggression, die bewältigt wird, wenn der andere dafür einen Überfluß an Meeresmuscheln hat. Erst dann muß der Dieb keine Rache mehr fürchten und es entsteht eine seelische Balance.

Wie Ibedul Airai besiegte

Vor langer Zeit bat der Ibedul von Koror, einer der höchsten Titelhalter von Palau, die Bewohner von Oikull im Distrikt von Airai, Kochtöpfe herzustellen und diese anschließend nach Koror zu senden. Als die Töpfe fertig und die Männer von Oikull auf dem Weg nach Koror waren, nahm einer von ihnen, der sich über die Macht Ibeduls ärgerte, ein Stück Holz von einem Mangrovenbaum und zerschlug alle Töpfe. Wegen dieses Vorfalls brach Krieg zwischen Koror und Airai aus. Die Menschen von Airai leisteten erheblichen Widerstand, obwohl Koror stärker war. Eines Tages schickte der Ibedul einen seiner Männer nach Ngerchelong, einem verbünde-

ten Dorf im Norden von Palau, um zwei der Frauen nach Koror zu holen. Ibedul gab jeder Frau ein palauisches Geldstück und sagte ihnen, daß sie das Geld behalten können, wenn sie einen Weg finden, Airai zu besiegen. Falls nicht, schicke er sie als Sklaven nach Airai. Die zwei Frauen schickten einen Boten zu Tarmus. Tarmus sicherte ihnen Hilfe zu. Er ging zu Ngirasibong, einem der Oberhäupter von Airai und bot ihm Geld an für den Fall, daß er den Kampf einstelle. Als die Kanus kamen, gab Ngirasibong seinen Leuten den Befehl, aufzugeben und das Dorf zu verlassen. Als sie flohen, brannten Tarmus und seine Leute das Dorf nieder und brachten die Neuigkeit zum Ibedul.
Ibedul war sehr glücklich über die Niederlage von Airai und schenkte den zwei Frauen aus Ngerchelong das Geld. Tarmus gab er ein spezielles palauisches Geldstück, das von nun an Kedam genannt wurde. (Briones 1990, S. 24, übersetzt und gekürzt, E.H.).

Anlaß des Streites in obiger Geschichte waren Kochtöpfe, d.h. es ging wiederum um das Essen. Die Aggression zwischen den Männern wird im Krieg ausgetragen und durch die Vermittlung von Frauen und Geld schließlich kontrolliert. Die Balance ist hergestellt und die Aggression unter Kontrolle.

Es gibt in den Geschichten Palaus aber auch Aggression, die sich gegen Frauen richtet.

Mengidabrutkoel
und die erste natürliche Geburt

Vor langer, langer Zeit lebte ein Spinnengott mit dem Namen Mengidabrutkoel im Dorf von Ngiwal in Palau. Eines Tages, als er sein Netz in einem

Baum spann, sah er ein sehr schönes Mädchen nach Früchten Ausschau halten. Sie hoffte, einige Früchte wären während der Nacht vom Baum gefallen. Mengidabrutkoel verwandelte sich in einen Mann und warf, um die Aufmerksamkeit des Mädchens zu erregen, eine Frucht herunter. Das Mädchen mit Namen Turangel blickte auf und sah den Gott als schönen Mann. Als sie sich anschauten, verliebten sie sich sofort ineinander.
Sie sahen sich oft und heirateten schließlich. Sie zogen ins Dorf Ngkeklau, und bald darauf wurde Turangel schwanger. Alle Verwandten von Turangel kamen zu ihrem Haus und begannen zu beratschlagen, wie sie ihren Bauch öffnen sollen, um das Baby ans Licht zu bringen. Nach den Legenden war dies eine übliche Praktik in den alten Tagen von Palau. Als Mengidabrutkoel dies hörte, sorgte er sich um seine Frau. Er wollte sie nicht sterben lassen. Er verließ das Dorf, um seine Göttin-Mutter zu fragen. Sie lehrte ihn die richtige Art der Geburt.
Als Turangels Zeit kam, schloß Mengidabrutkoel sich und seine Frau in ihrem Haus ein und erlaubte keinem der Verwandten hereinzukommen. Einige von Turangels Verwandten, die zum Haus gerannt kamen, waren verärgert, daß ihnen nicht gestattet war, die Operation durchzuführen, wie es die Sitten verlangten. Als alle erkannten, daß eine Frau ein Kind gebären kann, ohne sterben zu müssen, ehrten sie Mengidabrutkoel als Helden und dankten ihm für die Methoden der natürlichen Geburt. (Briones 1990, S. 25 f., übersetzt und gekürzt, E.H.).

In der Geschichte schützt die Liebe eines Mannes die Frau vor der Aggression der Dorfbewohner, die ihr den Bauch aufschlitzen wollen.

Bewältigung von Aggression durch traditionelle Riten

Kriege waren auch in Palau Sache der Männer. Ein besiegtes Dorf mußte Geld zahlen und anschließend konnten die Bewohner zurückkehren. Allein die Drohung des Krieges reichte oft aus, einem mächtigeren Dorf Geld zu geben, damit man nicht angegriffen wurde. Die Bewohner eines zerstörten Dorfes flüchteten in ein befreundetes Dorf und zahlten für Unterkunft und Essen. Die rituelle Geldabgabe beschwichtigte den Gegner und führte zur Aggressionskontrolle.

Generell wird in Palau Aggression nicht bestraft, sondern durch Gelegenheit zur Wiedergutmachung mittels einer Geldzahlung geregelt. Da Geld kein individueller Besitz ist, setzt sich jemand, der gegen die Regeln verstößt und dessen Klan oder Klub für die Strafe aufkommen muß, dem Ärger der Klan- oder Klubmitglieder aus. Dies ist eine wirksame Kontrolle von Aggression. Geldzahlungen gehen an die Götter des Klans, dessen Mitglied man geschädigt hat, der Klan zahlt Strafe an den Klub, falls eines seiner Mitglieder bei gemeinsamen Aufgaben des Klubs fehlte. Beleidigt ein Mann eine Frau, setzt der Klan der Frau die Höhe der Strafe fest. Die Höhe der Geldstrafe hängt vom Rang des Klans der Frau und der Art der Beleidigung ab.

Zu den wesentlichen Regeln des Lebens gehört die Ehrerbietung vor den älteren Titelhaltern. Alle in der Männerversammlung Anwesenden müssen warten, bis der höchste Titelhalter die Hülle von seinem Essen entfernt hat. Dann können alle anfangen zu essen. Kein Titelhalter kann aufhören zu essen, bevor der höchstrangige dies tut. Wenn der höchstrangige Titelhalter aufhört zu essen, müssen alle anderen aufhören.

In der Männerversammlung wird nur über Boten kommuniziert. Mit dem Boten wird geflüstert, so daß das Gebäude der Männerversammlung Gebäude des Flüsterns heißt. Bei einer Diskussion im Gebäude der Männerversammlung schickt ein Titelhalter seinen Boten zum höchsten Titelhalter seiner Seite. Dieser schickt wiederum seinen Boten zum höchsten Titelhalter der anderen Seite, dessen Bote dann die Antwort übermittelt. In den Frauenversammlungen wird nicht geflüstert und auch nicht über Boten kommuniziert.

Palau ist ein hervorragendes Beispiel für die Wirksamkeit traditioneller Riten zur Kontrolle der Aggression. Machtbalance wird in dieser Kultur angestrebt, nicht die Herrschaft eines Teils der Bevölkerung über einen anderen. Der rituelle Tausch Essen gegen Geld hält Neid unter Kontrolle und damit Aggression, die ihre Wurzeln in Neidgefühlen haben kann. Die Männerversammlung wird von zahlreichen Essens- und Sprechregeln geleitet. Auch hier dient das Ritual, die Diskussion über Boten beispielsweise, der Kontrolle von Aggression. Ist ein Mann über eine Angelegenheit erregt, kaut er zuerst seine Betelnuß, schickt den Boten und hat beim Erhalt der Antwort durch einen Boten bereits wieder seine Gefühle unter Kontrolle.

Auch wenn in dieser Kultur Aggression in Form von Kriegen Männersache war, so waren aggressive Äußerungen von Frauen durchaus bekannt. Frauen mußten Geldstrafe zahlen, wenn sie sich aus Eifersucht um einen Mann prügelten. Frauen wurden aber als weit weniger aggressiv erlebt. Männerklubs hatten Namen wie mutiges Tier, Hai, Frauenklubs wurden nach schönen Tieren benannt, wie etwa Schmetterling.

Die rituelle Bewältigung aggressiver Impulse zwischen den Frauen zeigt auch die Zeremonie des ersten Kindes (Abb. 6a,b). Die Zeremonie besteht aus drei Tei-

Abb. 6 a,b. Die Zeremonie des ersten Kindes.

len, aus einer Serie heißer Bäder, aus dem Dampfbad und dem öffentlichen Auftritt. Bei den heißen Bädern wird die Frau je nach Rang vier bis neun Tage von einer Spezialistin mit Kokossnußöl und Gelbwurz eingerieben. Jeder Körperteil wird nun mit einer Handvoll in heißes Wasser eingetauchter Wachsapfelzweige kräftig geschlagen. Zum Schluß füllt die Spezialistin eine Kokosnußschale mit kochend heißem Wasser und spritzt dieses gegen die geschlagenen Körperteile. Die Frauen schreien vor Schmerzen. Während des Dampfbades am Morgen des öffentlichen Auftretens sitzt die junge Mutter auf einem Stuhl, unter dem Töpfe mit heißem Taro aufgestellt werden. Die Genitalien der jungen Mutter sollen gedämft werden. Anschließend essen die Frauen der Ehemannseite den Taro.

Dieser Ritus zeigt, wie bereits die Geschichte von Mengidabrutkoel, die Aggression gegen die Geschlechtsorgane und Gebärfähigkeit der Frauen, die aber rituell als eine Art Kompromißbildung zum Ausdruck kommt. Die Frauen werden zum Schutz mit Öl eingerieben, so daß Verbrennungen der Haut selten sind. Indem der Taro anstelle des Geschlechtsorgans gegessen wird, kommt auch hier die Aggression in kontrollierter Form zum Ausdruck.

Wie in Jamaika gibt es auch in Palau den Glauben an die Möglichkeit, mit Hilfe von Magiern eine unliebsame Nebenbuhlerin auszuspielen oder einen bestimmten Job zu bekommen. Auch hier wendet sich der von Magie Betroffene zwecks Diagnose und Gegenmittel an dafür ausgewählte Heilerinnen. Die Baumleserinnen, die Magie als Ursache erkennen und den Betroffenen für ein Gegenmittel an die entsprechenden Magier verweisen, sind überall in Palau zu finden. Eine Frau aus Palau:

Vor der Schwangerschaft hatte ich einen Kampf mit der früheren Frau meines Mannes. Wir schlugen uns. Ich glaube, daß die andere Frau Magie angewandt hat. Deshalb ist mein Kind behindert geboren.

Aggression und Gewalt in Palau

Im traditionellen Palau gab es keine Körper- oder Gefängnisstrafe. Es gibt kein Lernen am Modell bezüglich Aggression. Die Erwachsenen halten den respektvollen Umgang miteinander für das wichtigste Modell, das die Kinder beobachten und lernen sollen. Neid und Aggression wird wirksam über Riten kontrolliert. Eine stabile männliche Entwicklung wird durch das Leben in der Männergemeinschaft ermöglicht. Die männliche Identität wird durch das Aufrechterhalten zweier äußerlich getrennter Bereiche, Frauen und Männer dürfen nicht gemeinsam arbeiten und essen, stabilisiert. Durch die Teilung eines jeden Dorfes in zwei Hälften konkurrierten traditionell immer zwei Männerklubs miteinander zum Wohle des Dorfes und tauschten Geschenke aus.

Aggression führt nicht zu Gegengewalt in Form von harten Strafen, sondern zur Gelegenheit zur Wiedergutmachung. Es gibt kein Talionsprinzip (Auge um Auge ...). Der Einzelne ist immer Teil einer Gruppe, die gemeinsam Verantwortung trägt. Eine offenbar wirksame Aggressionskontrolle.

So wundert es nicht, daß heute Palau als eine der friedfertigsten Gesellschaften bezeichnet werden kann.

Die Frauen in beiden Kulturen zeigen durchaus aggressives Verhalten, meist aufgrund von Eifersucht. Frauen scheinen auch die subtileren Formen von Aggression wie Magie zu bevorzugen. Dies entspricht den Ergebnissen der Lerntheorie, die besagt, daß Aggression bei Männern und Frauen vorhanden ist, daß aggressives Verhalten aber durch Modellernen kulturell beeinflußt wird. Die Aggression der Männer scheint in allen Kulturen andere Formen als die der Frauen anzunehmen, da sie stärker durch Gruppenzusammenhänge und in Form von Kriegen ausgeübt wird. Sie ist vermischt mit der Suche nach Geschlechtsidentität und erscheint als weitaus bedrohlicher.

7 Aggression in der Überflußgesellschaft

Da aggressives Verhalten nicht einfach dem Beuteerwerb dient, wundert es nicht, wenn es auch Bestandteil von sogenannten Überflußgesellschaften ist. Das Kriminologische Forschungsinstitut Niedersachsen kam bei einer Stichprobe mit 5711 Deutschen zu folgenden Zahlen (Rückert u. Gehrmann 1995, S. 17):

- Fast 16 % der Bevölkerung waren in den letzten 5 Jahren Opfer von körperlicher Gewalt in engen sozialen Beziehungen.
- Über 80 % der Opfer von physischer Gewalt standen dem Täter nahe.
- Rund 10 % aller Befragten zwischen 16 und 60 Jahren waren in ihrer Kindheit mindestens einmal massiv von ihren Eltern mißhandelt worden (z.B. gewürgt, mit der Faust geschlagen usw.).
- Rund 70 % waren körperlich gezüchtigt worden (von Ohrfeigen bis zum Schlagen mit einem Gegenstand).
- Von den Frauen zwischen 20 und 60 Jahren gaben 6,1 % an, mindestens einmal von einem Familienangehörigen vergewaltigt oder genötigt worden zu sein.

- Fast jede fünfte Frau ist als Kind einmal Opfer von sexuellen Übergriffen gewesen.
- 6,2 % der Mädchen hatten bis zum Alter von 14 Jahren sexuelle Mißbrauchserfahrung mit Körperkontakt. Jeder fünfte Täter war der Vater oder Stiefvater des Opfers.

Gewalt findet in der Familie statt und wird über die Identifikation des Opfers mit dem Täter wiederum in und außerhalb der Familie reproduziert, Herr G. ist hier ein eindrucksvolles Beispiel.

Neben dem Lernen von Gewalt in der Familie beeinflußt aber auch die Gesellschaftsstruktur das Entstehen von Aggression. Wenn Menschen zu dicht gedrängt sind, entsteht Aggression. Aber auch das Gegenteil, der Mangel an mitmenschlicher Begegnung, kann Aggression fördern. Menschen können versuchen, durch Aggression miteinander in Kontakt zu kommen. Im Milgram-Experiment erhöhte sich die Bereitschaft, Schmerz zuzufügen, drastisch, wenn die Versuchsperson keinen Kontakt zum Opfer hatte (Battegay 1979).

Gerade das Fernsehen ist in Verruf geraten, das Aggressionspotential in der Überflußgesellschaft zu erhöhen. Verres und Sobez (1980) begründen dies wie folgt:

- Es präsentiert aggressive Modelle.
- Es verschleiert aggressives Verhalten und dessen Folgen.
- Hemmungen gegenüber Aggression werden abgebaut.
- Es findet eine Desensibilisierung gegenüber Aggression statt (Habituation).

1968 sah das durchschnittliche amerikanische Kind zwischen 5 und 15 Jahren das Töten von 13000 Menschen im Fernsehen (Verres u. Sobez 1980). 80 % der Spielfilme enthalten irgendeine Form gewaltsamer Tätigkeit (Bandura 1979).

Neben der Argumentation aus Sicht der Verhaltensforschung, der zu großen Dichte oder der des Kontaktmangels, und den Erkenntnissen der Lerntheorie, dem Modellernen, möchte ich wiederum psychoanalytische Erklärungsmodelle in die Fragestellung einbeziehen.

Nach Klein (1972) kann das Kind in der normalen Entwicklung die Angst vor seinen aggressiven Bildern überwinden und Ambivalenz ertragen lernen, d.h. sowohl libidinöse als auch aggressive Gefühle gleichzeitig empfinden, wenn die Liebesgefühle gegenüber den aggressiven Regungen überwiegen. Empfindet das Kind Aggression gegenüber einem Objekt, das es auch liebt, entstehen Schuldgefühle. Aus dem Schuldgefühl entwickelt sich der Drang nach Wiedergutmachung. Gelegenheit zur Wiedergutmachung und positive Erlebnisse erzeugen Gefühle von Dankbarkeit. Wiedergutmachung, Dankbarkeit und Ambivalenz sind nach Klein die wichtigsten Entwicklungsschritte in der Bewältigung archaischer Aggression. Kognitive Reifung und positive Erfahrungen ermöglichen diesen Entwicklungsschritt, den Klein das Erreichen der depressiven Position bezeichnet.

Was heißt dies für unsere Frage nach der Aggression in der Überflußgesellschaft?

Aggression und Mangel sind notwendige Bestandteile einer seelischen Entwicklung. Erst die Ambivalenz und das Gefühl der Dankbarkeit, die das Abwenden des Mangels durch die Hilfe des Anderen oder die Gelegenheit zur Wiedergutmachung erzeugt, sowie die Erfahrung, daß das Objekt die Aggression aushält, führen zu einer stabilen Entwicklung des Selbst. Kohut etwa spricht von der positiven Rolle der Aggression, die durch angemessene Frustrationen entsteht.

Fehlen in einer Überflußgesellschaft durch Überflutung mit materiellen Dingen Mangelsituationen und damit die Erfahrung von Dankbarkeit durch gemeinsames Beheben des Mangels, kann Aggression schwer bewältigt werden. Ich möchte dies an einem Beispiel erläutern.

> Über einen Zeitraum von fünf Jahren fuhr ich jede Woche mit dem Intercity von Frankfurt nach Nürnberg. Ich saß meistens im Großraumwagen und las. In all den Jahren hatte ich kaum mit irgendjemand im Zug gesprochen. Einmal fuhr ich die Strecke mit meinem Auto und hatte gegen Abend eine Panne auf der Autobahn. Der ADAC schleppte mein Auto zu einer Werkstatt ab, von wo es keine Zugverbindung nach Frankfurt gab. Der Fahrer des ADAC setzte mich an einer Raststätte ab, und ich fand einen Autofahrer, der mich mit nach Frankfurt nahm. Ich war überglücklich und voller Freude und Dankbarkeit, als ich abends noch in Frankfurt ankam.

Die Erfahrung von Hilfe in der Mangelsituation, die intensive Kommunikation mit anderen Menschen über die Möglichkeiten, die Situation zu bewältigen, lösten in mir starke Gefühle der Dankbarkeit aus.

Ist es nicht gerade in sogenannten ärmeren Kulturen eine immerwährende Erfahrung, mit Nachbarn oder Verwandten den ständigen Mangel beheben zu müssen? Ist Mangel in Maßen somit auch eine Chance zu einer friedlicheren Gesellschaft? Das völlige Fehlen von Mangel, die totale Verwöhnung schafft Kommunikationsmangel und Aggression anstelle von Dankbarkeit. Das

Überwiegen von Dankbarkeit wandelt sich nach Melanie Klein allmählich in das Gefühl von Liebe.

Auch die Lerntheorie kommt zu dem Ergebnis, daß prosoziales Verhalten gelernt werden muß. Nur das Erleben von Unterstützung führt zu unterstützendem, hilfreichem Verhalten. Im Vorschulalter zeigen nicht die gehemmtesten Kinder, sondern Kinder mit angemessener Aggression das meiste prosoziale Verhalten (Oerter 1994).

8 Aggression in der Masse

Krieg

Der Krieg scheint so alt zu sein wie die Menschheit selbst. Seit 3600 vor Christus sollen mehr als 14500 größere offizielle Kriege stattgefunden haben (Mentzos 1993). Carl von Clausewitz formulierte 1832 den klassischen Satz: »Krieg ist eine bloße Fortsetzung der Politik mit anderen Mitteln«. Ist der Krieg wirklich derart rational verstehbar?

Obwohl bereits die Menschen der Steinzeit kriegerisch um Jagd- und Sammelgebiete konkurrierten, sieht Eibl-Eibesfeldt den Krieg nicht als periodische Entladung eines Aggressionstriebes noch als angeborene Verhaltensweise. Der destruktive Krieg ist, so Eibl-Eibesfeldt, das Ergebnis der kulturellen Evolution, was nicht besagt, daß er keine biologischen Wurzeln hat. Dazu gehören nach Eibl-Eibesfeldt sowohl die angeborene Fremdenablehnung als auch die angeborene Bereitschaft zum aggressiven Handeln. Auch Konrad Lorenz ging nie von einem fertigen Kriegsverhaltensmuster aus.

Die Beobachtungen von Goodall an freilebenden Schimpansen zeigen jedoch kriegerische Unternehmungen, die den menschlichen sehr ähnlich sind: Sogenannte Kriegshetzer steigerten sich gegenseitig in Begeisterung, griffen dann geschlossen benachbarte Schimpansenhorden an und hatten in kurzer Zeit alle Gegner umgebracht. Während Eibl-Eibesfeldt die biologische Funktion des Krieges, die Selektion im Dienste der Arterhaltung, in den Vordergrund stellt, sieht Mentzos (1993) mehr die psychosoziale Funktion des Krieges.

Stammesgeschichtlich erworbene Aggressionsmuster werden im Kriege lediglich genutzt, d.h. in den Dienst des Krieges gestellt. Dabei sei der Krieg von Anfang an keine besonders glückliche Lösung für Konflikte gewesen. Zu den fraglichen Vorteilen der Selektion kamen immer auch immense Nachteile, wie Zerstörung und Leid. Bedeutend für den Krieg ist nach Mentzos, daß er psychische Bedürfnisse der Beteiligten befriedigt. Der Krieg benutzt universelle Anlagen des Menschen wie die Bereitschaft zur Gruppenverteidigung, Dominanzstreben, territoriale Neigungen und gegenseitige Begeisterung. Dies alles ist aber unspezifisch und würde allein nicht zur Institution Krieg führen, denn dieser setzt Planung, Führung, destruktive Waffen, die Überwindung des Mitleids und Dehumanisierung des Gegners voraus.

Im Gegensatz zur Todestriebhypothese Freuds ist es nach Mentzos nicht die Aggressivität, die Konflikte auslöst, sondern Konflikte lösen Aggressivität aus. Aggressionen werden zur Vorbereitung des Krieges meist künstlich erzeugt. Häufig geht es um ökonomische und narzißtische Bedürfnisse von Gruppen und Machteliten. Machtbesitz und Machtzuwachs führen zu einer narzißtischen Stabilisierung. Der Krieg scheint für die Beteiligten eine Kompensation für Ängste, Aggression, Scham und Schuldgefühle, Minderwertigkeitsgefühle und Depression zu bieten. Diese Gefühle erhöhen die Gefahr der Verführung zum Krieg. Kränkungen führen zum Wunsch nach Vergeltung. Die Aggression wird projiziert und die eigene Aggression als Reaktion auf die Handlungsweisen anderer empfunden.

So waren es nicht die aggressiven Triebüberschüsse, die die Engländer nach Falkland in den Krieg ziehen ließen, sondern der Krieg diente dazu, das lädierte Selbstbewußtsein der Nation wiederherzustellen. Er diente dem Narzißmus, indem er die Aktivität und Macht der Nation stärkte. Männern dient der Krieg vor allem auch dem Gefühl, Mann zu sein (Mentzos 1993).

Die psychischen Grundmechanismen des Krieges sind dabei Spaltung, Projektion und Realexternalisierung. Die eigene abgespaltene Aggression wird auf eine geeignete Person projiziert. Dort draußen wird das Böse dann tatkräftig bekämpft. Je mehr die Personen, auf die das Böse projiziert wird, sich dann auch tatsächlich aggressiv verhalten, wobei in manchen Fällen die Personen auch dazu manipuliert werden, desto mehr spricht man nicht von Projektion, sondern von Realexternalisierung, d.h. von Projektionen, die in gewisser Hinsicht stimmen und so in der Realität zementiert werden, wie zum Beispiel in der Figur Sadam Husseins.

Mentzos vergleicht die Vorstellungen von Größe der eigenen Gruppe (Nation) mit Vorstellungen narzißtisch gestörter Erwachsener und Kinder, die ständig narzißtische Zufuhr brauchen, um eine labile Homöostase aufrechtzuerhalten. Gedemütigte und kleingehaltene einzelne Personen und Nationen müssen nicht nur intensive Wut verarbeiten, sondern sie haben auch ein großes Bedürfnis nach narzißtischer Stütze. So gibt es auch bei großen Nationen Selbstverachtung, Scham- und Schuldgefühle, wie zum Beispiel das Vietnam-Trauma Amerikas. Die primären Kriegsmotive sind aber auch nach Mentzos meist machtpolitische und ökonomische Interessen, die psychischen sind sekundär.

Im Kollektiv müssen Einzeldynamiken synchronisiert werden. Der Erfolg liegt in der Gleichschaltung der psychischen Empfänglichkeit, den psychischen Wurzeln des Krieges. So dient der Krieg der Kompensierung narzißtischer Kränkungen, er kann aber auch anderen Bedürfnissen dienen. Vorrückende Panzerverbände können unter bestimmten Bedingungen als ästhetisch und faszinierend erlebt werden. Leere, Langeweile und Monotonie können durch Abenteuer- und Kriegsbereitschaft abgewehrt werden. Positive Gefühle des Krieges sind etwa das Erleben von Grenzen und ein intensives Kameradschaftsgefühl.

Vielleicht sind die zerstörerischen Momente des Krieges zu auffällig, um die dahinterliegenden Funktionen des Erlebens von Hilfe und Kameradschaft in Mangelsituationen, die Dankbarkeit und die damit verbundenen intensiven Gefühle zu erkennen. Der Jubel und die Freude etwa um den 1995 in Bosnien abgeschossenen US-Soldaten, der vor Rührung und Dankbarkeit über seine waghalsige Rettung weinend im Fernsehen zu sehen war, gibt einen Eindruck von der Intensität nicht nur der aggressiven Gefühle im Krieg. Um Krieg zu verhindern, wird zu fragen sein, wie solche Gefühle auch anders als in Kriegssituationen zu befriedigen sind.

Hexenwahn

Die Bedeutung von Spaltungsprozessen und Realexternalisierungen bei einer kollektiven Aggression möchte ich am Beispiel des sogenannten Hexenwahns des 16. und 17. Jahrhunderts aufzeigen (vgl. Heinemann 1989).

Von 1480 bis 1780 starben in Europa schätzungsweise 200000 Menschen – vorwiegend Frauen – als Zauberer und Hexen den Feuertod. Die Zahlen schwanken in den verschiedenen Quellen erheblich.

Schon die juristischen Konstruktionen der damaligen Zeit, die Bezeichnung der Hexerei als Sonderverbrechen und die Möglichkeit der Übernahme der Verfahrensgrundsätze der Inquisition, hatten den Frauen, einmal angeklagt, keine Chance mehr gelassen, ihre Unschuld zu beweisen. So diente die Folter nur noch dem Erhalt eines Geständnisses, während sie im Akkusationsprozeß voriger Jahrhunderte einem Angeklagten die Möglichkeit bot, seine Unschuld zu bekunden. Minderjährige Personen, wie etwa vierjährige Kinder wurden nicht selten als Zeugen zugelassen, geradezu alles galt als Indiz für Hexerei auch die Denunziation wurde im Hexenprozeß zugelassen. Bei der Denunziation wurde die unter der Folter erbrachte Aussage einer selbst beschuldigten Frau als Zeugnis anerkannt. Dieser versprach man dann bei einer für das Gericht befriedigenden Anzahl von Namen gewisse Erleichterungen. Zusammen mit den Vorstellungen vom kollektiven Treiben auf dem Hexensabbat hatte die Denunziation damit entsetzliche Folgen.

Diese juristischen Konstruktionen, die eigens für die Inquisition und Hexenverfolgung eingeführt wurden, können zwar die Ausweitung der Prozesse erklären, es bleibt aber zu bezweifeln, ob man diese Prozesse ohne den Willen der Bevölkerung hätte durchsetzen können. Auch läßt sich nicht verstehen, welche Motive die Menschen hatten, bei den Hexenprozessen die bestehende Rechtspraxis so vollkommen zu verdrehen. Vor allem aber können wir nicht verstehen, warum man die Frauen gerade als Hexen bezeichnete, warum man gerade in dieser Zeit eine solche Angst vor Hexen hatte.

Es gab typische Vorgänge, die eine Hexenbeschuldigung auslösten. Meist verweigerte jemand einer Frau ein Almosen oder verstieß gegen die Regeln gutnachbarlichen Verhaltens. Dies inspirierte in den Augen dessen, der die Regeln nicht beachtete, die Frau zu berechtigten

Angriffen. 1579 weigerte sich die Frau von Richard Saunders der Margaret Stanton aus Wimbish Hefe zu geben, worauf ihr Kind schwer erkrankte. Die Frau von Robert Cornell weigerte sich, derselben Milch zu geben, sie erkrankte wenig später an einer großen Geschwulst. John Hopwood schlug ihre Bitte um einen Lederriemen ab und sein Wallach verendete (Thomas 1979). Die Furcht vor magischer Vergeltung für ein Unrecht konnte gelegentlich so groß werden, daß bereits die Absicht einer unmoralischen Handlung zu einer Selbstbeschädigung des Opfers führte. Sprenger und Institoris (1983, S. 78ff.) berichten von einem Jüngling aus der Stadt Regensburg, der, nachdem er sein Mädchen im Stich lassen wollte, glaubte, sein Glied verloren zu haben. Auf den Rat eines alten Weibes hin lauerte er dem Mädchen nachts auf und würgte es mit einem Handtuch so lange bis diese versicherte, ihn zu heilen. Sie berührte ihn mit der Hand zwischen den Schenkeln und wie der Jüngling sich vergewisserte, ward ihm sein Glied wiedergegeben.

Hexerei ist also ein Vorgang, der sich in den Köpfen der Hexenbeschuldiger abspielte, der nichts mit dem realen Verhalten der Frauen zu tun hatte. Diese haben vielleicht gelegentlich die Angst geschürt, indem sie etwa einen Fluch ausstießen, wenn sie abgewiesen wurden. Sie haben den Schaden aber nicht selbst erzeugt. Der Schaden wurde entweder vom Opfer selbst hervorgerufen, wie etwa bei Krankheit und Impotenz, oder aber das Opfer interpretierte ein zufälliges Ereignis, wie das Einschlagen eines Blitzes, als von der Hexe erzeugten Schaden.

Götter und Dämonen regelten von je her das moralische Leben der Menschen. Die Furcht, der Rache von Hexen ausgeliefert zu sein, war ein wirksames Abschreckungsmittel gegen die Nichtbeachtung der alten Moral der gegenseitigen Hilfe, denn, wie wir ja gesehen haben, moralisch waren die Hexen im Recht. Dies macht ver-

Abb. 7. Verbrennung der Hexe Lise Plainacher in Mank (Zeichnung von V. Katzler).

ständlich, warum die vermeintliche Hexe nach dem Schaden, der ja oft nicht unmittelbar der Zurückweisung der Frau folgte, immer schnell gefunden wurde. Hexerei wurde immer nur dann als Ursache für einen Schaden in Erwägung gezogen, wenn man schon jemanden in Verdacht hatte.

Die Projektion eigener Aggression, zum Beispiel von Rachephantasien, war ein wesentlicher Bestandteil der Hexenbeschuldigung. Im Sinne der Realexternalisierung wurden die Frauen nun aber zusätzlich gedrängt, sich den auf sie projizierten Vorstellungen entsprechend zu verhalten. Durch Hexenproben, Indizien und Denunziation manipulierte der Hexenbeschuldiger den Schuldbeweis. Weil zum Beispiel ein leicht und luftig Geist in ihnen wohnte, mußten die Hexen leichter sein und bei der Wasserprobe schwimmen. Ging die an Beinen und Armen gefesselte Frau unter, war sie unschuldig. Keine Frau konnte ohne Geständnis hingerichtet werden. Die Frauen mußten bekunden, daß sie Hexen geworden waren. Das Geständnis war zentrales Moment der Hexenprozesse. Nur um dieses zu erhalten, hatte man die Rechtspraxis völlig verändert, das Wesen der Folter seinem ursprünglichen Zweck entgegengesetzt. Da eine Verurteilung der Frau im Grunde schon vor der Folter durch die Indizien und Hexenproben stattgefunden hatte, kann die entscheidende Bedeutung des Geständnisses nur im Hinblick auf die unbewußten Motive der Hexenbeschuldiger gesehen werden. Diese brauchten das Geständnis zur Bewältigung ihrer Angst. Erst jetzt konnte die Vernichtung der Frau zur Linderung ihrer Vergeltungsangst führen (Abb. 7).

Den Konflikt aufgrund seines eigenen unmoralischen Verhaltens hatte der Hexenbeschuldiger externalisiert, d.h. nicht innerpsychisch ausgetragen, sondern mit Personen seiner Umwelt. Seine Aggression und Angst wurde mit dem Verbrennen der Hexe ausgelöscht. Die kollektive Verurteilung der Hexe – diese wurde ja durch ein offizielles Gericht hingerichtet – hat den unmoralischen Hexenbeschuldiger zudem darin gestärkt, daß er der moralische ist, denn er stand auf Seiten des Gerichtes. Er konnte sich nach der Hinrichtung als guter Mensch erleben, seine eigenen Aggressionen und Vergeltungsvorstellungen waren legal vernichtet worden. Er fühlt sich nicht mehr verfolgt, zumindest nicht bis zum nächsten unmoralischen Verhalten seinerseits.

Voraussetzung dieser kollektiven Aggression war die zunehmende Spaltung der Vorstellungswelt in total gut und total böse, wie wir es ab dem 14. Jahrhundert wahrnehmen können. Mit der Ausweitung städtischer Kulturen begann der Madonnenkult, der etwa im 15. Jahrhundert seinen Höhepunkt fand. Die Jungfrau Maria war die Mächtigste unter den Heiligen. Als Mutter Gottes wurde ihre Fürsprache für unfehlbar gehalten und ihre Hilfe für wirksam. Man verehrte alles an der Jungfrau Maria, von der Milch bis zu den Haaren und dem Schutzmantel, den sie zunehmend gütiger ausbreitete (Romano u. Tenenti 1967).

Auf der einen Seite herrschte die Angst vor der total bösen Hexe, die Krankheiten und Unfruchtbarkeit erzeugt und den Menschen böse gesinnt ist, auf der anderen Seite wandte man sich an Maria mit der Bitte um Gnade und Gesundheit. Maria als nur gute Mutter konnte vor psychischer Desintegration schützen, im Bild der Hexe können wir unschwer ein Bild der bösen Mutter erkennen. Die Hexe schadet den Menschen – der Schadenzauber war der Hauptvorwurf gegenüber den als Hexen beschuldigten Frauen –, die Hexe ist den Menschen böse gesinnt und tötet Säuglinge, meist Neugeborene, zur Verwendung in ihrer Hexensalbe. Ihr oral-aggressiver Charakter kommt etwa in dem Märchen Hänsel und Gretel zum Ausdruck, aber auch in der frühen Neuzeit, denn der

Milchdiebstahl war der häufigste Schaden, den die Hexen angeblich anrichteten.

Die Hexe ist das Bild der versagenden Mutter, das zudem die Aggressionen des Kindes trägt, die es im Erleben der Frustration empfunden hatte. Bei der Hexenbeschuldigung wird es dann auf Frauen projiziert. Aufgrund der unbewußten Bedeutung des Hexenbildes als Bild der bösen Mutter waren es vorzugsweise Frauen, die man als Hexen beschuldigte. Das heutige Hexenbild ist interessanterweise eher das Bild der guten Mutter (der weisen, kräuterkundigen Ärztin des Volkes). Es hat eine psychische Funktion und ist keine historische Realität. Es gab auch zahlreiche historische Fälle, bei denen man schwankte, ob es sich bei der beschuldigten Frau um eine Heilige oder Hexe handelte.

Das Problem der Hexerei hat weniger mit den als Hexen beschuldigten Frauen zu tun, als mit den unbewußten Affekten der Männer und Frauen, die Frauen als Hexen beschuldigten. Die real als Hexen verbrannten Frauen waren zumindest zu Beginn der Hexenverfolgung meist ökonomisch schwache, alte Frauen, die am Rande der Gesellschaft lebten und aufs Betteln angewiesen waren. Die schwere Wirtschaftskrise des 16. Jahrhunderts, die Verdrängung der Frauen aus der qualifizierten Arbeit hinein in die Manufakturen, ließ gerade ältere Frauen hilfsbedürftig werden (Wolf-Graaf 1983). Mit der Ausbreitung der Prozeßlawine konnten natürlich immer mehr jüngere Frauen, vor allem durch die Denunziation, Opfer der Hexenangst werden. Andererseits machte die ökonomische Krise es auch vielen Menschen schwer, den Regeln der Hilfeleistung zu folgen.

Die Möglichkeit der Abwehr von Aggression und Schuldgefühlen durch Spaltung, Projektion und Realexternalisierung schaffte in der Zeit der Hexenverfolgung ein System grausamer Menschenvernichtung. Hinrichtungen waren wahre Volksfeste, ganze Schulklassen wurden zu den Hinrichtungsorten geführt. Oft zog sich ein Verdacht über Wochen und Monate hin, bis er zur Verhaftung einer Frau kam. Im Prozeß der Beschuldigung bedurfte es der Verstärkung des eigenen Verdachtes durch das Kollektiv. Die Lerntheorie spricht hier vom Prozeß der Gruppenansteckung.

Rechtsradikalismus heute

In den Jahren von 1987 bis 1990 wurden in der Bundesrepublik Deutschland jährlich ca. 250 fremdenfeindliche Straftaten gemeldet. Im Jahr 1991 waren es bereits 2427 und 1992 stieg die Zahl auf 6336 (Willems et al.1993, S. 7; Bundeskriminalamt 1994).

Absolut gesehen sind in Nordrhein-Westfalen mit 641 die meisten Straftaten zu finden. Pro 100000 Einwohner verzeichnen Mecklenburg-Vorpommern und Brandenburg die weitaus häufigsten Straftaten (Abb. 8a,b). Die Altersgruppe der Täter konzentriert sich auf die 15- bis 20jährigen (Abb. 9), das männliche Geschlecht überwiegt mit 96,3 % eindeutig. Die meisten Jugendlichen haben einen Hauptschulabschluß und befinden sich in einer Lehre (Abb. 10a,b). Den größten Anteil an den Straftaten stellen sogenannte nichtorganisierte Gruppentaten dar (Abb. 11a,b).

Die Fremdenfeindlichkeit rechtsradikaler Jugendlicher läßt sich nur bedingt mit einer biologischen Determinante oder über die lerntheoretische Ansteckung in der Gruppe erklären.

Nach Erdheim (1992) bedarf es immer der Überwindung von Angst, wenn man sich dem Fremden zuwenden möchte. Gewalt ist ein Mittel gegen diese Angst. Sie kann aber dank der Faszination, die das Fremde

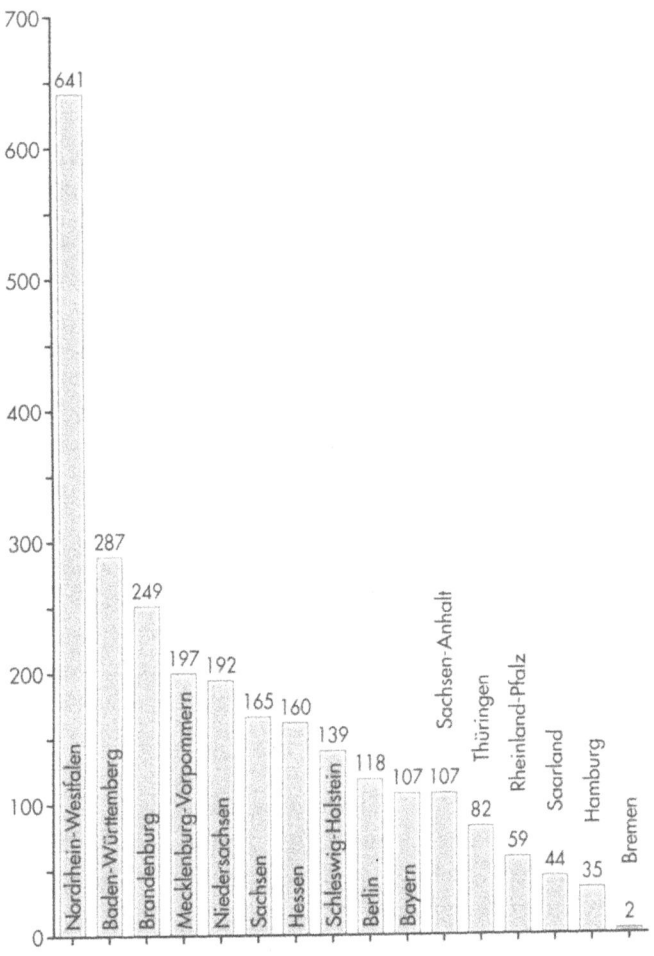

Abb. 8a. Verteilung der Gewalttaten auf die Bundesländer (Quelle: Bundesministerium des Innern 1993, S. 72).

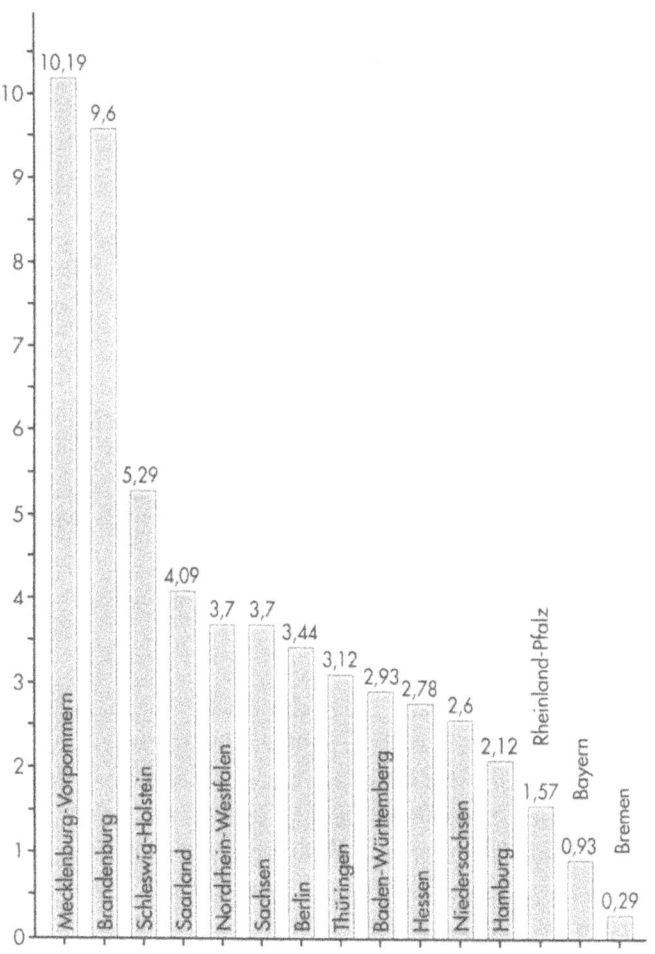

Abb. 8b. Gewalttaten in den Bundesländern je 100000 Einwohner (Quelle: Bundesministerium des Innern 1993, S. 73).

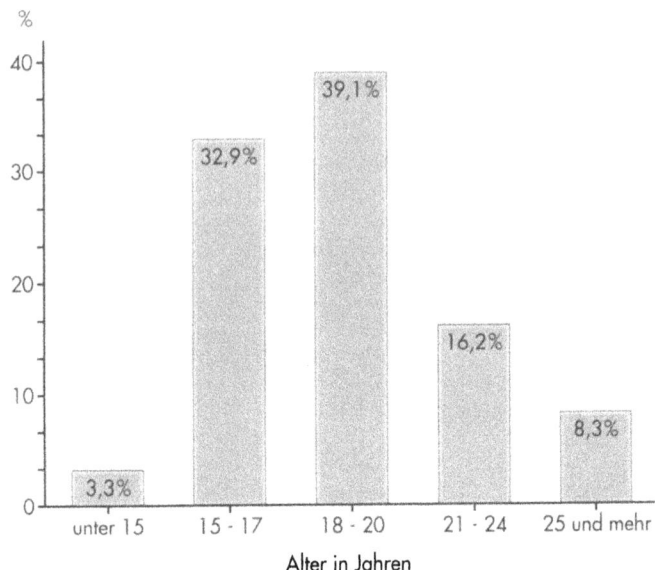

Abb. 9. Altersgruppen der Tatverdächtigen (Quelle: Willems et al. 1993, S. 16).

gleichzeitig auch ausübt, überwunden werden. Das Verhältnis zu Fremden ist nach Erdheim immer ambivalent: Es besteht aus Angst und Faszination. Dieser Mechanismus funktioniert auch auf der Ebene der Gruppe. Im Bild des Fremden sammelt sich alles, was an den Eltern, Geschwistern und vertrauten Personen bedrohlich ist (Projektion). Im Fremden kann dieses dann bekämpft werden. Fremde Gruppen können ebenso verfolgt werden wie einzelne.

Streeck-Fischer (1992) führte in einem westdeutschen Fachkrankenhaus Gespräche mit rechtsextremen Skinheads. Er beschreibt ein Versagen des gesamten familiären Systems bei diesen Jugendlichen. In der Herkunftsfamilie sind die Jugendlichen oft mit Erwartungen konfrontiert, einen höheren gesellschaftlichen Status zu er-

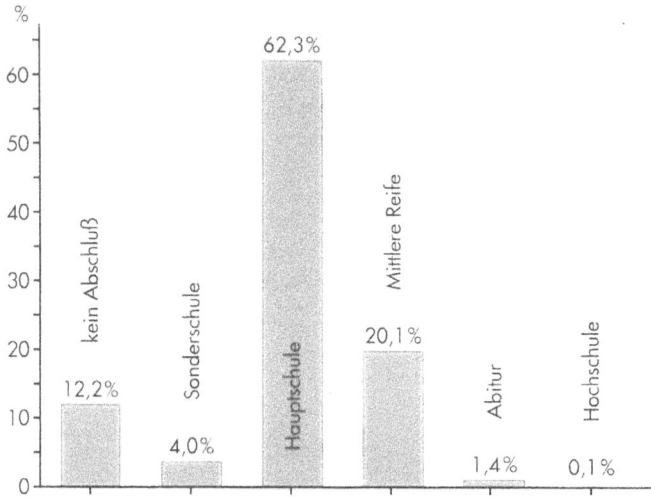

Abb. 10a. Formaler Bildungsabschluß der Tatverdächtigen zur Tatzeit (Quelle: Willems et al. 1993, S. 22).

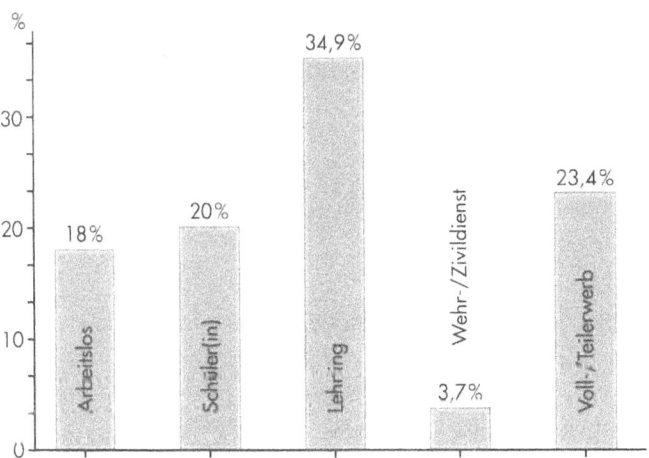

Abb. 10b. Erwerbstätigkeit/Arbeitslosigkeit der Tatverdächtigen (Quelle: Willems et al. 1993, S. 24).

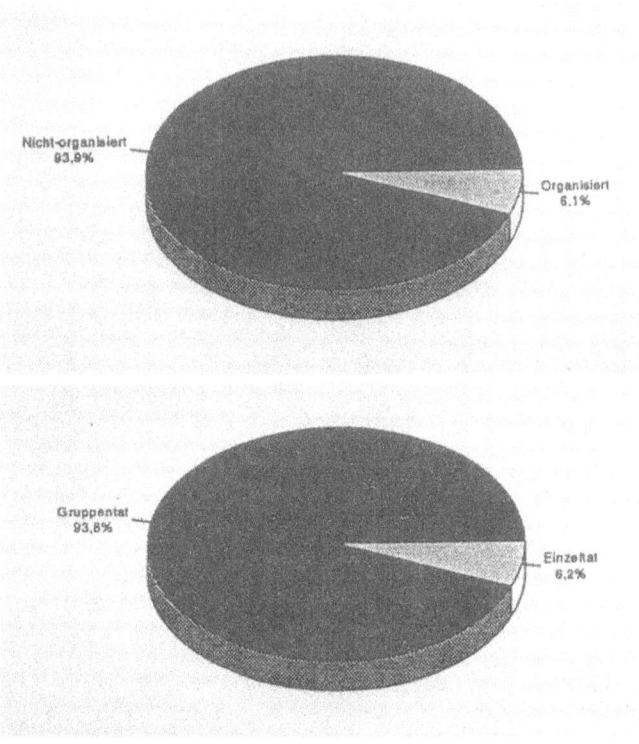

Abb. 11a,b. a Organisierte und nichtorganisierte Taten (Quelle: Willems et al. 1993, S. 39). **b** Einzel- und Gruppentaten (Quelle: Willems et al. 1993, S. 38).

langen. Dies Ziel erreichen sie nicht, sondern sie stehen meist als Gescheiterte in der Familie da, wenn sie den Haupt- oder Realschulabschluß nicht erreicht haben. Dies geht mit einer erhöhten Verletzbarkeit und Kränkbarkeit einher. Extrem kränkbar, neigen die Jugendlichen zu Feindprojektionen, zur Verachtung anderer und zur Stabilisierung durch Allmachtsphantasien. Realistische Aspekte bei sich und anderen werden nur mangelhaft wahrgenommen, widersprüchliches und zurückweisendes

Verhalten nehmen sie übersteigert wahr. Erfahrungen sozialer Ausgrenzung ziehen sich wie ein roter Faden durch die Lebensgeschichten der Jugendlichen. Als unerwünschte Kinder zerbrochener Beziehungen bleiben sie in neubegründeten Familien oft Störenfriede, andere sind vordergründig angepaßt. Die Mutter-Kind-Beziehung sowie das spätere Verhältnis zum Vater sind meist gestört. Väter sind oft schwach oder abwesend. Die Identifikation mit dem Vater unterbleibt oder ist brüchig. Statt sich schrittweise von der Familie zu lösen, kommt es oft zum radikalen Bruch. Als »ausgestoßene Jugendliche« verlagern sie vor allem die Konflikte mit dem Vater auf die Straße. Hier nehmen sie dann wechselnde Positionen ein, mal als Täter mal als Opfer. Die traumatische Stituation wird wiederholt und in der Realität kommt es zur Eskalation der Gewalt. Dabei hoffen die Jugendlichen, so Streeck-Fischer, durch ihre Aktionen endlich Anerkennung zu finden, finden in der Realität aber wieder nur Ausgrenzung.

Der Gleichaltrigengruppe kommt dabei eine besondere Bedeutung zu, denn die Gruppe übernimmt oft Elternersatzfunktionen, wenn Beziehungen zu den Eltern abgebrochen werden. Die Kameradschaft hebt das Gefühl der Vereinzelung auf. Uniformen sichern das Gefühl der Zugehörigkeit zur Gruppe. Je instabiler der Jugendliche, desto mehr ist er auf Accessoires angewiesen. Die Männlichkeit muß in besonderer Weise betont werden durch Glatze, Bomberjacke und Stiefel (Abb. 12).

Sexuelle Triebregungen müssen, so Streeck-Fischer, abgewehrt werden, da eine überdurchschnittliche Angst vor homosexuellen Impulsen besteht. Diese Bedrohungen werden dann im Fremden bekämpft. Von politischen Ideologien haben die Jugendlichen nach Streeck-Fischer allenfalls vage Kenntnisse.

Diese aus den Lebensgeschichten vieler Jugendlicher gewonnenen Erkenntnisse treffen auch auf Herrn G. zu. Politische Kenntnisse hat er keine, er ist von Affekten

Abb. 12. Die martialische Uniform vermittelt Sicherheit (© Mike Schröder, argus-Fotoarchiv).

überwältigt, innere Konflikte werden in die Außenwelt verlagert und dort reinszeniert. Mal fühlt er sich der Gruppe der Ausländer zugehörig, mal den Nazis. Auch die Gruppen weisen bei ihm wenig Stabilität auf. Neid auf Ausländer – diese haben noch eine Familie und sind männlicher – und die Wiederbelebung früher Angstsituationen werden von Herrn G. in den Konflikten mit Ausländern ausgetragen. Dabei wird er sowohl von aggressiven als auch sexuellen Impulsen, der Angst vor Homosexualität, überwältigt.

Auch bei rechtsextremer Gewalt finden Vorgänge wie Spaltung, Projektion und Realexternalisierungen, vor allem von Konflikten, die aus der Vaterbeziehung resultieren, statt. Die Zugehörigkeit zur Gruppe und deren Symbole stärken, wie in Jamaika, die männliche Identität.

9 Therapeutische Ansätze

Lerntheorie

Aus Sicht der Lerntheorie kann Verhalten am effektivsten kontrolliert werden, indem man die Bedingungen, die es auslösen und die es aufrechterhalten, beseitigt. Schon Bandura (1979) nannte zur Behandlung aggressiven Verhaltens eine Fülle von Möglichkeiten:

Auf die Wertentscheidung Einfluß nehmen, die Modellierungsprinzipien nutzen, Löschung durch Nichtbeachtung, Bestrafung (Belohnungsentzug, negative Konsequenz), Kompetenzerweiterung in Konflikten, Entwicklung selbstregulierender Funktionen, Einfluß nehmen auf die Präferenz für die Wahl der Bezugspersonen.

Behandlungsprinzipien

Bei der Behandlung aggressiver Verhaltensweisen bedarf es der systematischen Anwendung von Behandlungsprinzipien. Strafe allein hat nur gelegentlichen Erfolg. Da das Ende einer Bestrafung als Verstärkung erlebt wird, nimmt Aggression nach Beendigung der Strafe oft zu. Wenn Strafe klar als therapeutisch gedacht und nicht in feindseliger Weise angewendet wird, hat sie eher positive Wirkung, ebenso, wenn sie durch eine ansonsten warme, belohnende Person ausgeübt wird. Das Problem der Strafe ist aber auch, daß der Bestrafende genau die Verhaltensweisen modelliert, die er beim Kind reduzieren will. Der Bestrafte lernt, daß Aggression ein Mittel ist, andere gefügig zu machen. Langfristig fördert Strafe Enthemmung und kann Angst und Haß auslösen. Bestrafung kann als Bekräftigung dienen, z.B. indem sie Aufmerksamkeit erzeugt. Bestrafung beeinflußt nur selten die Gründe, warum sich ein Kind aggressiv verhält. Strafe führt meist nur dazu, sich lediglich in Gegenwart strafender Personen nicht aggressiv zu verhalten. Das negative Erziehungsklima erhöht die Gefahr, daß der Bestrafte sich einer Subkultur zuwendet (Verres u. Sobez 1980).

Da auch Abreaktionen, wie beispielsweise Holzhacken, keine aggressionsmindernde Wirkung haben, beim Zusehen von Boxkämpfen beispielsweise die Aggression eher zu- statt abnimmt, nennt Nolting (1992) für eine systematische Behandlung aggressiven Verhaltens vier Grundsätze:

- *Die anregenden Faktoren der Situation ändern*, zum Beispiel Frustrationen, wie Störungen, Überforderungen, Entbehrungen und Mißerfolg mindern. Lernen, Frustrationen zu vermeiden und mit ihnen angemessen umzugehen. Provokationen und aggressive Modelle, Signale oder Symbole vermindern, und positive Anreger fördern.
- *Die Bewertung der Anreger verändern.* Wenn Ereignisse als störend, bedrohlich oder mutwillig interpretiert werden, dann wirkt Uminterpretieren aggressionsmindernd. So kann ein Konflikt auf einem Mißverständnis beruhen oder übertrieben wahrgenommen werden. Einfühlung in andere

Menschen, die Relativierung eigener Ziele und Werte und die Skepsis gegenüber aggressiven Modellen können durch Selbstbeobachtung und kognitives Training aufgebaut werden.

- *Motive gegen Aggression (Hemmungen) stärken.* Der Bestrafte hat meist eigene, innere Normen, die Ausnahmen zulassen. Zum Beispiel diene die Aggression einem höherem Zweck, die Schuld habe das Opfer, die Konsequenzen werden bagatellisiert und die Verantwortung anderen zugeschoben. Das Hinterfragen dieser Normen kann Aggression hemmen.
- *Alternative Handlungsmöglichkeiten aufbauen,* zum Beispiel durch Entspannung der Aggression entgegengesetzte Gefühle hervorrufen, Gefühle mitteilen. Selbstinstruktionen wie »Ich lasse mich nicht provozieren« immunisieren gegen Provokationen und Angriffe. Reaktionen wie reden oder schweigend zu gehen, können gelernt, Wünsche, Standpunkte oder Hintergründe können geklärt, Lösungsversuche wie Ideen, Verhandlungen oder Einigungen aufgezeigt werden.

Bei der Behandlung bedarf es der Anleitung durch kompetente Personen und der Selbststeuerung. Die klassische Verhaltensmodifikation war geprägt von der Bekräftigung erwünschten Verhaltens, dem Ignorieren und leichter Bestrafung unerwünschten Verhaltens. In der kognitiven Verhaltensmodifikation macht sich die lernende Person Gedanken über ihr Verhalten, lernt Regeln, Problemlöseverhalten und lernt am Modell. Lernen ist bewußtes, entdeckendes Lernen, denn der Zusammenhang von Verhalten und Effekt wird erkannt.

Verhaltenstherapie bei aggressiven Kindern

Als Beispiel für eine derart erweiterte verhaltenstherapeutische Arbeit mit aggressiven Kindern möchte ich die Arbeiten von Petermann und Petermann (1984) nennen. Auch sie betrachten es als wichtigste Behandlungsaufgabe, nicht nur Aggression ab-, sondern Verhaltensalternativen aufzubauen. Die Behandlung hat folgende Ziele:

- *Einüben von motorischer Ruhe und Entspannung.* Aggressive Kinder fühlen sich oft bedroht und sind motorisch unruhig, was ihre Bereitschaft zur Aggression fördert. Autogenes Training dient hier als sinnvolles Entspannungsverfahren.
- *Differenzierung der Wahrnehmung.* Die Kinder sollen lernen, Reize zu differenzieren, Signale und Situationen richtig zu interpretieren und zuzuordnen. Nicht jeder soziale Reiz ist eine Bedrohung. Die Auswahl der Reaktion soll angemessen sein. Auf diese Weise geraten auch nicht bedrohliche Reize ins Blickfeld.
- *Angemessene Selbstbehauptung ist eine positive Form von Aggression.* Selbstbehauptung und Selbständigkeit, das Verteidigen eines Standpunktes, das angemessene Äußern von Ärger und Wut, das Lernen von Konkurrenzverhalten mit fairen Regeln sind positive Aspekte von Aggression, die gelernt werden können.
- *Kooperation und Hilfeleistung als Alternativverhalten, das Aggression hemmt.* Prosoziales Verhalten wie Hilfeverhalten, Verhalten nach dem Prinzip der ausgleichenden Gerechtigkeit, kooperatives Verhalten auf der Suche nach einer gemeinsamen Lösung soll aufgebaut werden.

- *Selbstkontrolle als Schritt zur Aggressionshemmung.* Aggressive Kinder sollen zur willentlichen Lenkung von Verhalten und zur Selbstkontrolle motiviert werden. Der Aufbau von Selbststeuerung geschieht über Selbstverstärkung und Selbstverbalisation.
- *Einfühlungsvermögen im Sinne einer Neubewertung der Folgen des eigenen Handelns aus der Sicht des Gegenübers.* Die Kinder lernen in Rollenspielen, die Folgen von Verhalten vorwegzunehmen und mit den Augen des Gegenübers zu beurteilen.

Das Einzeltraining erfolgt nach einer genauen Verhaltensanalyse und nach Elterngesprächen. Das Training wird unterteilt in Arbeits- und Spielzeit. Wichtig ist, daß das Kind das Ziel der Behandlung versteht. Es folgt das Abschließen eines Therapievertrages, indem das Training in allen Einzelheiten beschrieben ist. Die Regeln werden gemeinsam gelesen und erklärt. Das Kind erhält Aufträge zur täglichen Selbstbeobachtung und trägt diese in einen Detektivbogen ein. Die Schritte des Trainings sind:

- Auswertung von Aufgaben zur Selbstbeobachtung;
- Entspannung und Ruhetraining;
- Trainingsarbeit mit spezifischem Material;
- Eintausch der verdienten Punkte in Spielminuten.

Während das Kind außerhalb der Trainingsstunde den Detektivbogen zur Selbstbeobachtung ausfüllt, wird innerhalb des Trainings am Aufbau alternativen Verhaltens gearbeitet. Das Kind erhält autogenes Training, wird über Video mit Konfliktsituationen konfrontiert, die Konfliktlösungen werden besprochen, das Kind erzählt eigene Geschichten. Diese werden in Rollenspiele umgesetzt und zum Schluß die erzielten Punkte gegen Spielminuten eingetauscht.

Im Gruppentraining werden ca. 3 bis 4 Kinder behandelt. Das Training ist analog zum Einzeltraining und besteht aus Aufgaben zur Selbstbeobachtung im Detektivbogen, autogenem Training und Rollenspielen innerhalb der Therapiestunden. Die Kinder erstellen Diskussionsregeln, üben Einfühlungsvermögen, lernen, mit Wut fertig zu werden, erfahren Lob, Nichtbeachtung und Tadel, spiegeln eigenes Verhalten wider, stabilisieren angemessenes Verhalten und immunisieren sich gegen Aggressionsauslöser.

Behandlung autoaggressiven Verhaltens

Auch die auf der Lerntheorie basierende Behandlung autoaggressiven Verhaltens konzentriert sich auf den Aufbau alternativer Verhaltensweisen. Rohmann und Hartmann (1988) nennen folgende Behandlungsgrundsätze:

- *Fixierung.* Bei schweren Autoaggressionen muß manchmal zu Schutzmaßnahmen wie mechanischen Fixierungen gegriffen werden. Hierzu zählen Schutzhelme, Armmanschetten, Zwangsjacken, Bauchgurte, Hand- und Beinfesseln. Bei diesen Maßnahmen besteht allerdings die Gefahr der Symptomverschiebung. Ein Kind, das beispielsweise mit dem Kopf gegen die Wand schlägt und deshalb einen Schutzhelm erhält, verletzt sich nun an den Armen. Nach Beendigung von Fixierungen tritt meist erneut heftigste Autoaggression auf. Die Wegnahme des Schutzes sollte von daher schrittweise erfolgen.
- *Aufbau inkompatibler Verhaltensweisen* (Verhaltensweisen, die mit Autoaggression nicht vereinbar

sind). Hier bietet sich das Tragen von Geschirr an, das Werfen eines Balles etc. Die Zeitabschnitte sollten anfangs kurz, dann länger sein. Interaktives Boxen bietet Möglichkeiten des Aufbaus geregelter Aggression nach außen.

- *Selbstkontrolle.* Der Patient soll angeleitet werden, selbst zu entscheiden, wie lange er eine Fixierung benötigt. Selbstfixierungen sind beispielsweise die Hände in die Hosentaschen zu stecken, das Tragen einer Puppe oder ähnliches.
- *Konfrontation mit der Autoaggression.* Den Patienten wird die Möglichkeit gegeben, die Wirkung ihres Handelns wieder wahrzunehmen, um alternative Verhaltensweisen aufzubauen.
- *Planmäßiges Ignorieren.* Wenn Autoaggression eingesetzt wird, um ein bestimmtes Verhalten beim Gegenüber zu erreichen, kann das Ignorieren sinnvoll sein. Es sollte aber nur im Zusammenhang mit dem Aufbau alternativer Verhaltensweisen eingesetzt werden.
- *Time-out.* Wenn Autoaggression reaktiv ist, kann kurzfristiges Einschließen in einen Time-out-Raum zur Reduktion des Verhaltens führen. Ansonsten sind unbedingt andere Methoden vorzuziehen.
- *Paradoxe Aufforderung.* Durch die Aufforderung, das unerwünschte Verhalten zu zeigen, kann dieses abnehmen. Gelegentliche paradoxe Aufforderungen wirken allerdings verstärkend. Es sollte nur bei leichten und mittelschweren Autoaggressionen eingesetzt werden.
- *Bestrafung.* Die Rückfallquote ist sehr hoch. Auch hier wird die Verbindung mit anderen Methoden empfohlen.
- *Erlebens- und Handlungsraum erweitern.* Gemeint ist der Aufbau von Verhaltensweisen durch kom-

plexere Interaktionsmuster wie differentielle Verstärkung, Hilfestellung durch den Therapeuten, Ausblenden von Hilfestellungen, Verketten mehrerer Verhaltensweisen, Anbieten von Modellen, Ablenken von motorischen Mustern oder Spiegeln nichtautoaggressiver Handlungen.

Die auf der Lerntheorie basierenden Trainingsprogramme für aggressive Kinder und Erwachsene haben durch das Einbeziehen kognitiver Prozesse und Einsichten sowie durch die Berücksichtigung von Motiven sehr an Differenziertheit gewonnen. Ein streng klassisches verhaltenstherapeutisches Programm läuft meiner Ansicht nach Gefahr, zu sehr am Symptom orientiert zu arbeiten und Konditionierung statt sinnhaftes Verhalten zu bewirken.

Kane und Hettinger (1987) zufolge nimmt Autoaggression eklatant ab, wenn autoaggressiven Kindern und Erwachsenen die Möglichkeit zu intensiver motorischer Tätigkeit und Kommunikation gegeben wird. Regelmäßiges Trampolinspringen, Bergsteigen und die Gelegenheit zur Kommunikation reduzierte in ihrer pädagogischen Arbeit Autoaggression beträchtlich. Dabei achten sie darauf, daß die motorischen Tätigkeiten humane und sinnvolle Tätigkeiten darstellen, zum Beispiel Aktivitäten auf einem Bauernhof.

Psychoanalyse

Während die Lerntheorie sich darauf konzentriert, alternatives Verhalten aufzubauen, versucht die Psychoanalyse Aggression als Affekt zu verstehen und diesen durchzuarbeiten. Gerade mit den neueren Kenntnissen zur narzißtischen Entwicklung, den Störungen im Selbst und im Ich bezieht auch die Psychoanalyse die Wahrnehmung der Realität und damit kognitive Prozesse stärker in ihre Arbeit mit ein. Dies ermöglicht eine Art Perspektivenwechsel. Die Strukturen der Realität werden nicht mehr vor allem als versagende und traumatisierende, sondern auch als erleichternd beim Vorherrschen früher Spaltungs- und Projektionsmechanismen betrachtet (Winnicott 1988). Hier eröffnen sich Verbindungen zur Lerntheorie. Ein weiterer zentraler Unterschied ist aber, daß die Psychoanalyse die Beziehung zwischen Patient und Therapeut als bedeutsam für die Arbeit am Affekt betrachtet, da sie davon ausgeht, daß sich Affekte in der Beziehung zum Therapeut übertragen, d.h. reinszenieren. Ich möchte zwei Beispiele aus meiner Praxis darstellen. Im ersten Beispiel zeige ich die psychoanalytische Arbeit mit aggressiven Kindern in der Pädagogik, das zweite Beispiel behandelt die therapeutische Arbeit mit Erwachsenen. Hier gebe ich Ausschnitte aus der Therapie mit Herrn G. wieder und erläutere sie.

Psychoanalytische Pädagogik

Jürgen ist ein extrem aggressiver Schüler einer Sonderschule für Erziehungshilfe (vgl. Heinemann et al. 1992), der sowohl im Kindergarten als auch in der Grundschule als nicht tragbar galt. Im Unterricht löste er bei mir heftige Affekte aus. Wenn er eine Aufgabe nicht sofort konnte, sprang er auf, bedrohte mich und zerstörte gelegentlich Einrichtungsgegenstände des Klassenzimmers. Ich schwankte in meinen Reaktionen zwischen Angst und Aggression verbunden mit dem Wunsch, den Schüler hart zu bestrafen oder ihn loswerden zu wollen. Es hatte sich ein affektives Klima in der Beziehung zu mir hergestellt, das ich als Reinszenierung seiner Gefühle ver-

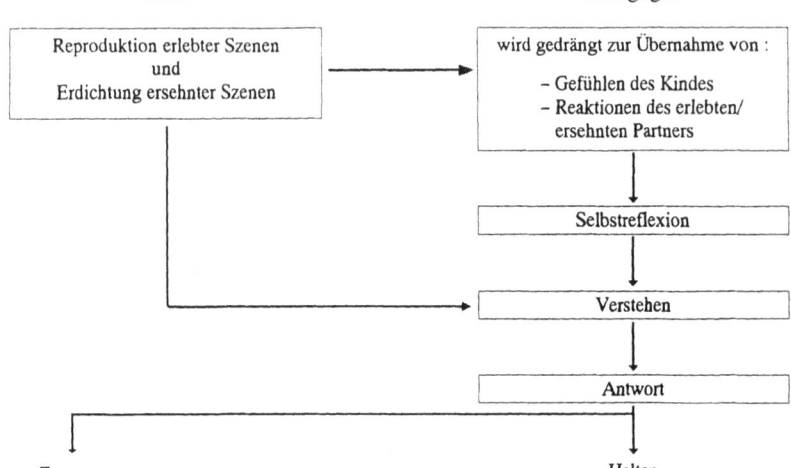

Abb. 13. Szenisches Verstehen und fördernder Dialog (Quelle: Heinemann et al. 1992, S. 42).

stand. Die Kenntnisse zu seiner Lebensgeschichte – er wuchs allein mit Mutter und Bruder auf, der Vater verließ die Familie als er drei Jahre alt war – halfen mir, meine Gefühle als Identifikation mit seinen Ängsten und Aggressionen und den Reaktionen früherer Interaktionspartner zu verstehen.

Psychoanalytische Pädagogik beginnt mit der Reflexion der eigenen Affekte, die die Reinszenierung des Kindes auslöst. In der Pädagogik muß der Pädagoge auf die Handlungen des Kindes reagieren, d.h. er antwortet dem Kind. Ich habe die Antworten in Anlehnung an Leber (1986, 1988) in Halten und Zumuten unterteilt (Abb. 13).

Geht es darum, das Ich und das Selbst des aggressiven Kindes zu stärken, so habe ich verschiedene Antwortmöglichkeiten.

Halten

Dies bedeutet zuerst einmal aushalten, Wünsche, beispielsweise das Kind in eine andere Klasse oder Schule abzuschieben, zu reflektieren und ein stabiler, vertrauensvoller Interaktionspartner zu werden. Dies wird vom Kind verinnerlicht und führt zum Aufbau von neuen Selbst-Strukturen.

Nichtgenetisches Deuten

Dabei handelt es sich um eine Konfrontation, eine auf Bewußtwerdung zielende Versprachlichung der psychodynamischen Funktion des aktuellen Verhaltens. Im Gegensatz zur Deutung in der Therapie wird die Genese (Entstehungsgeschichte) des Verhaltens, beispielsweise aus der Beziehung zu den Eltern, nicht in die Deutung einbezogen. Ein Beispiel:

> Erhielt Jürgen für eine Klassenarbeit die Note 1, schwelgte er in Größenphantasien, daß er alles könne. Ich war dann eine Super-Lehrerin. Schrieb er dagegen eine Note 2 oder gar 3, drohte er, das Mobiliar zu zerschlagen, wegzurennen und beschimpfte mich mit wüsten Schimpfwörtern. Eine nichtgenetische Deutung ist beispielsweise: »Du glaubst, daß du nur etwas wert bist, wenn du ganz großartige Leistungen zeigst. Schon bei einer Note 2 meinst du, nichts mehr wert zu sein, bist du voller Wut. Entweder bist du supertoll oder voller Haß. Eine Note sagt aber nichts darüber aus, wieviel man wert ist, ob ich dich zum Beispiel gern habe oder nicht, sondern nur, wieviel Fehler man in der Arbeit

hat. Es ist eigentlich ganz normal, daß man mal eine gute Note und mal eine etwas schlechtere schreibt.«

Die Deutung versucht, die narzißtische Kränkbarkeit bewußt zu machen, die Spaltung seiner Gefühle in absolute Größe und Kleinheit zu problematisieren. Die Prinzipien der Realität werden durchsichtig gemacht, da die Kriterien der Notengebung der Klasse bekannt sind. Ambivalenz soll in der aktuellen Beziehung entwickelt werden.

Indem sich der Interaktionspartner nicht den projizierten Gefühlen entsprechend verhält, sondern realistisch und freundlich bleibt, hat Jürgen die Möglichkeit, neue Reaktionen des Interaktionspartners allmählich zu verinnerlichen und so sein Selbst zu stabilisieren.

Konfrontation mit der Realität und Gelegenheit zur Wiedergutmachung

Redl (1971) sieht aggressives Verhalten vor allem als Ausdruck einer Ich-Störung der Kinder. Sie nehmen Realität verzerrt wahr und wehren Schuldgefühle ab. Zu den wesentlichen Aufgaben der psychoanalytischen Pädagogik gehört nach Redl das »Einmassieren« des Realitätsprinzips. Unter Einmassieren versteht Redl das Verdeutlichen der Realität durch intensive Erfahrungen. Ein Beispiel:

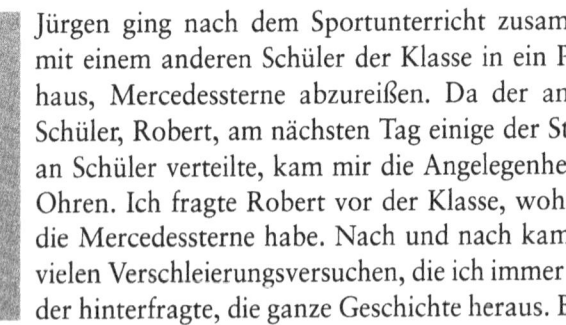
Jürgen ging nach dem Sportunterricht zusammen mit einem anderen Schüler der Klasse in ein Parkhaus, Mercedessterne abzureißen. Da der andere Schüler, Robert, am nächsten Tag einige der Sterne an Schüler verteilte, kam mir die Angelegenheit zu Ohren. Ich fragte Robert vor der Klasse, woher er die Mercedessterne habe. Nach und nach kam mit vielen Verschleierungsversuchen, die ich immer wieder hinterfragte, die ganze Geschichte heraus. Beide

Schüler erzählten, was passiert war. In der Pause hatte ich Zeit, meine Gedanken zu sortieren, und ich beschloß, auf diesen Vorfall im Sinne der Gelegenheit zur Wiedergutmachung zu reagieren. Ich sagte ihnen, daß der Vorfall, der bereits dem Rektor der Schule bekannt sei, selbstverständlich der Polizei gemeldet werden müsse, daß, wenn sich die Halter der Autos melden, sie damit rechnen müßten, mit 18 Jahren den Schaden zu begleichen. So machte ich ihnen deutlich, daß sie zwar einen Konflikt mit der Realität hatten, ich aber weiterhin ihre Lehrerin war, die sich für ihr Wohlbefinden einsetzt und sorgt. Die erhoffte Wirkung blieb aus, die Schüler schienen meine Worte gar nicht gehört zu haben. Sie äußerten sich mit flotten Sprüchen wie: »Die haben es nicht besser verdient.« Jürgen nähte sich die Sterne auf seinen schwarzen Lederanzug. Mir wurde immer unwohler.

Nach reiflichem Überlegen beschloß ich einige Tage später, die beiden Polizisten, mit denen ich gesprochen hatte und die äußerst verständnisvoll und freundlich waren, in die Schule einzuladen. Das Gespräch verlegte ich in das Zimmer des Rektors, da dieses stärker die Realität symbolisiert, als das Klassenzimmer, das eher Ort des Vertrauens ist. Schon die Ankündigung des Gespräches hatte eine erhebliche Wirkung. Ich wartete zusammen mit den Schülern und sagte ihnen, daß ich sehr bedaure, was passiert wäre, aber daß der Konflikt jetzt gelöst werden müsse und ich ihnen dabei zu helfen suche. Ich war als Vertrauensperson während des Gespräches anwesend. Ich blieb Vertrauensperson und wurde nicht zum strafenden, bösen Objekt. Ich verbündete mich aber auch nicht mit den Schülern aus Angst vor dem Konflikt, sondern bestand auf den

Regeln der Realität. Das Gespräch verlief in ruhiger Atmosphäre, die Polizisten blieben freundlich, bekundeten am Ende, daß die Schüler eventuell für den Schaden aufkommen müßten. Vom nächsten Tag an wollten die Schüler wissen, wie hoch der Schaden war. Ich ließ sie bei einer Mercedeswerkstatt anrufen und selbständig die Schadenshöhe ausrechnen. Jeden Tag kamen sie zu anderen Ergebnissen. Nach zwei Wochen teilte ich ihnen mit, daß sich kein Halter gemeldet habe. Jürgen flüsterte seinem Nachbarn zu, daß er keine Sterne mehr abreißen werde.

Strafen haben aus Sicht der Psychoanalyse den Nachteil, daß sie häufig einen Macht-Ohnmacht-Konflikt inszenieren und so das Ich des Kindes weiter schwächen. Führen Schüler eine Strafarbeit nicht aus, muß der Lehrer wiederum zu drastischeren Maßnahmen greifen und die Angst des Lehrers vor Autoritätsverlust nimmt zu. Diese Angst führt zu einer Aggression auf Seiten des Lehrers. Der Circulus vitiosus ist hergestellt. Die Gelegenheit zur Wiedergutmachung stärkt das Ich des Kindes, sie entlastet es von Schuldgefühlen, die in der Regel vorhanden sind, aber massiv verleugnet und abgewehrt werden (die sind ja selber schuld).

Bei den Hilfs-Ich-Funktionen unterstützt der Lehrer das Kind bei Aufgaben und Handlungen, die es sonst nicht bewerkstelligen würde. Soll das Kind beispielsweise den Ranzen eines Klassenkameraden, den es beschmutzt hat, als Wiedergutmachung säubern, kann der Lehrer anbieten, den Ranzen beim Säubern zu halten oder die ersten Schritte selbst ausführen. Die Hilfs-Ich-Funktionen können allmählich reduziert werden. Indem der Lehrer partizipiert, wird die Handlung nicht mehr als Niederlage und Ohnmacht bewertet.

Symbolische Konfliktverarbeitung
Ein Schüler kam ein Jahr im Ninja-Anzug in die Schule. Dieser Schüler wurde von seinem Vater, einem US-Soldaten, häufig geschlagen. Er hatte ein inneres Bild eines bedrohlichen Vaters. Indem er sich mit Ninja identifizierte, konnte er seine Angst vor dem Vater kontrollieren. Er war nun der stärkste Kämpfer der Welt (Spaltung, Omnipotenz). Das Verstehen der Bedeutung der Ninja-Phantasie half mir, diese zu ertragen. In Angstsituationen, wenn er glaubte, eine Aufgabe nicht zu können, sprang er auf und bedrohte mich in Ninja-Kampfstellung. Die Übernahme von Hilfs-Ich-Funktionen bei Schulaufgaben, die Stärkung des Selbst durch meine Reaktionen führten dazu, daß er allmählich in kleinsten Schritten die Ninja-Phantasie reduzierte.

In der psychoanalytischen Pädagogik wird mit der Beziehung zu den Kindern gearbeitet, die Szenen im Alltag werden verstanden und ein fördernder Dialog gestaltet, d.h. dem Kind wird eine Antwort gegeben, die eine Förderung seiner Entwicklung bewirkt. Die ständige Reflexion des Erziehungsprozesses ist auch für den Lehrer ein spannender Prozeß. Nur durch das Verstehen der Affekte des Kindes (der partiellen Identifikation und Reflexion des Lehrers) kann der Lehrer entscheiden, zu welchem Zeitpunkt und in welchem Ausmaß eine Antwort vom Kind verkraftet werden kann. Die Konfrontation mit der Polizei zum Beispiel hätte zu einem früheren Zeitpunkt möglicherweise die Ängste der Kinder erhöht und so das Ich weiter geschwächt. Hier liegt ein entscheidender Vorteil der Psychoanalyse gegenüber der Verhaltenstherapie. Die Schutzfunktion des kindlichen Verhaltens wird respektiert.

Therapie mit extrem aggressiven Erwachsenen

Die therapeutische Arbeit mit Erwachsenen beruht in der psychoanalytischen Therapie gleichfalls auf dem szenischen Verstehen, die Antwort konzentriert sich allerdings weitgehend auf das Deuten. Rauchfleisch (Heinemann et al. 1992) nennt neben der Arbeit an der Aggression, dem Ich und dem Selbst bei aggressiven Erwachsenen auch die Arbeit an der Realität und das Herstellen eines Settings als Aufgabe einer Psychotherapie mit aggressiven Erwachsenen. Betrachten wir die Arbeit mit Herrn G.:

Das Setting

Aggressive Erwachsene kommen kaum mit dem Wunsch nach einer Therapie zum Therapeuten. Es widerspricht dem Wunsch nach Omnipotenz, zum Seelenklempner zu gehen. Rauchfleisch machte die Erfahrung, daß es oft schon ein wesentlicher Schritt ist, überhaupt ein therapeutisches Setting herzustellen. Ein Patient telefonierte anfangs nur mit ihm, bis er sich nach einiger Zeit entschließen konnte »mal vorbeizukommen«. Die Therapieauflage in der Folge eines Strafverfahrens hat oft positive Wirkung, weil der Erwachsene dann keine Rechtfertigung braucht, denn er kommt ja nur, damit er seine Auflage erfüllt. In der Regel findet die Therapie im Sitzen statt, da nicht die Regression, sondern die Entwicklung reiferer Abwehrmechanismen und Strukturen gefördert werden soll.

Herrn G. lernte ich im Rahmen eines Forschungsprojektes über rechtsradikale Jugendliche in einem Gefängnis kennen. Nach einigen Gesprächen bot ich ihm eine Therapie an. Er wollte wissen, worum es da gehe und sagte zu. In den nächsten Sitzungen ging es fast nur um die Frage, mit wieviel Stunden die Therapie stattfinden solle, ob eine Stunde pro Woche oder nur alle zwei oder drei Wochen. Er meinte, daß er immer, wenn er allein in der Zelle sitze, denke, daß er nicht mehr zur Therapie komme, dann aber doch komme und nicht wisse, warum. Die Frage nach Nähe und Distanz, Macht und Ohnmacht, machte sich am Therapierahmen fest. Durch das langsame, gemeinsame Ausloten des für ihn passenden Rahmens, machte er die Erfahrung, daß er den Rahmen mitgestalten konnte, was seine Ängste reduzierte. Die Deutungen unterstützten diesen Prozeß, und wir einigten uns schließlich auf eine Frequenz, die er dann auch einhielt.

Die Arbeit am Selbst

Während der ersten drei Monate schilderte er immer wieder seine Erlebnisse mit dem Vater. Er begann in fast jeder Stunde zu weinen, fühlte sich hilflos und meinte, daß alles keinen Sinn habe. Als er das erste Mal zu weinen begann, saß ich ihm schweigend gegenüber und hörte ihm anteilnehmend zu. Er wischte sich mit dem Ärmel die Nase. Nach einiger Zeit gab ich ihm ein Papiertaschentuch. Er hielt das Taschentuch die ganze Stunde krampfhaft in der Hand und wischte sich weiter die Nase mit dem Ärmel. Diese Szene wiederholte sich in den nächsten Sitzungen. Er meinte, er wisse nicht, was mit ihm los sei, es wäre furchtbar, daß er weinen müßte. Ich: »Das ist nicht männlich, nicht?« Er lachte und weinte weiter.

In der Therapie erfährt Herr G. Halt. Das Taschentuch steht symbolisch für die Therapeutin. Er hält sich daran fest. Seine Angst vor Schwäche und vor seiner Weiblichkeit, Aspekte, die im aggressiven Verhalten abgewehrt werden, können angenommen und weiterentwickelt werden.

Die Arbeit am Ich

Aus Anlaß meines Urlaubes erzählte er, daß er am liebsten zu Hause bleibe und wenn, dann wolle er nach Sibirien fahren. Ich fragte erstaunt: »Sibirien?« Er lachte und meinte, daß es dort so schön einsam sei. Die weiten Steppen gefallen ihm. Einige Monate später schilderte er seine Alpträume, in denen der Vater als Werwolf erscheint. Mir fiel sofort Sibirien ein. In den weiten einsamen Steppen fehlten bei seinen Schilderungen die Wölfe. Die einsamen Steppen waren ein Bild seiner Depression, in der die Aggression abgespalten, nicht vorhanden ist. Ich deute: »Deshalb möchten sie vielleicht so gerne nach Sibirien, dort gibt es viele Wölfe.«

Indem ich den Wunsch mit seiner Angst verknüpfte, sprach ich die Ambivalenz dem Vater gegenüber an und deutete die Abwehr, nämlich die Verleugnung der Aggression und die Spaltung. Dies schien mir zu diesem Zeitpunkt möglich, da sich die Beziehung zu mir schon gefestigt hatte. Er meinte, daß er nicht glaube, daß da ein Zusammenhang sei. Er erzählte weiter, daß er sich am Anfang immer gut mit den Ausländern verstehe. »Da ist die gleiche Wellenlänge, die gleiche Emotionalität.« Ich: »Und irgendwann werden Sie dann zum Werwolf.« In dieser Deutung spreche ich die Identifikation mit dem Aggresssor (Vater) an. Er war bewegt und die Stunde zu Ende. Zur nächsten Sitzung kam er nicht. Er ließ mir ausrichten, daß er nicht mehr kommen wolle. Ich wiederum ließ ihm ausrichten, daß ich zur nächsten Sitzung wie gehabt komme, er könne sich dann entscheiden, ob er kommen wolle. Zur nächsten Sitzung kam er wieder, er freute sich sichtlich, daß ich da war, und meinte, er hätte nicht gedacht, daß ich noch mal komme. Er erzählte, daß er nicht gekommen wäre, weil er das Gefühl hatte, so aggressiv zu sein, daß er sich vielleicht in meiner Gegenwart nicht mehr kontrollieren könne. Da sei er lieber in der Zelle geblieben. Ich bekam heftige Angst.

An meiner Reaktion (Gegenübertragung) konnte ich erkennen, daß ein wichtiger Schritt in der Therapie erreicht war. Bis zu diesem Zeitpunkt hatte ich in Gegenwart von Herrn G. zu meinem Erstaunen keinerlei Angst. Ich hatte eher mütterliche, liebevolle Gefühle und fand ihn sympathisch. Zu Hause und auf dem Weg von und zum Gefängnis hatte ich von Anfang an heftigste Ängste. Ich hatte die Phantasie, daß ich verrückt gewesen sein mußte, einem solchen Mensch eine Therapie anzubieten, daß er möglicherweise nach der Entlassung eine Bombe in meine Wohnung werfen würde. An meinen eigenen Reaktionen konnte ich die Spaltung und die Heftigkeit der von Herrn G. abgewehrten Aggression erkennen. Nun war die Aggression nicht mehr nur abgespalten und auf andere projiziert. Sie trat zwischen uns als Thema in Erscheinung. Ich sagte Herrn G., daß es natürlich nicht gehe, daß er mir gegenüber gewalttätig werde. Er versicherte, daß er das nie machen würde. Ich erwiderte, daß sein Fortbleiben eine sinnvolle Alternative zum Zuschlagen wäre. Er vermeide dann in diesem Moment, gewalttätig zu werden. Er meinte, daß er aber Schuldgefühle habe, wenn ich extra komme und er nicht erscheine. Ich erwiderte, daß er keine Schuldgefühle zu haben brauche, da ich die Stunde auf jeden Fall bezahlt bekomme, auch wenn er nicht komme. Von diesem Zeitpunkt an war es ihm wieder möglich, beständig zu kommen. Durch die Akzeptanz der Vermeidung als Ich-Leistung und die Reduktion der Schuldgefühle war sein Ich gestärkt. Er lernte in der Beziehung zu mir, Aggression zu kontrollieren.

Die Autoaggression

Herr G. erwähnte, daß er in seiner Zelle eine Zeichnung angefertigt habe. Ich war erfreut und fragte ihn nach dem Bild. Er hatte einen bestimmten Gegenstand gemalt, den ich hier aus Gründen der Anonymität nicht nennen möchte. Diesen Gegenstand hatte er sich mehrfach mit glühendem Draht in die Haut eingebrannt. Ich sagte: »Ich finde es toll, daß sie die Dinge, die sie sich sonst in die Haut einbrennen, auf Papier malen. Vielleicht können sie dies fortsetzen? Ich schaue mir auch gerne einmal die Bilder an, wenn Sie sie mitbringen möchten.« In den nächsten Stunden erzählte er mir von den Bildern, brachte aber keines mit. Seine Autoaggression hatte sich in der Beziehung zu mir durch die Kommunikation über die Bedeutung der Bilder, die er malte, reduziert.

Diese wenigen Szenen mögen einen Eindruck geben von dem Prozeß einer Therapie, die über die Arbeit an der Beziehung (Übertragung und Gegenübertragung), über die Deutung und das klare Festhalten an den Prinzipien der Realität, daß seine Taten nicht richtig sind, auch wenn wir verstehen können, warum er sich so verhält, zu einer ausgesprochen positiven Entwicklung bei Herrn G. führte. Es gelang ihm nun hin und wieder, auf bedrohliche Situationen statt mit Angst und Aggression mit Vermeidung zu reagieren. Er verließ dann einfach die Szene. Er erzählte bei einem Besuch sechs Monate nach dem Ende der Therapie, daß er sich ein Buch über die Türkei besorgt hat, um zu erfahren, wie es dort aussieht. Über eine solche Möglichkeit hatten wir in der Therapie nie gesprochen. Verstehen wir das Bild der dunklen Höhle, in der sich Herr G. befindet und vor der er eine Mauer und einen Abgrund mit einer Brücke gemalt hat, als Bild seiner inneren Situation, er ist Gefangener seiner Aggression, irgend etwas hält ihn in der Höhle zurück, so zeigt die Schilderung, daß er sich ein Buch über die Türkei besorgt hat, daß er nach dem Ende der Therapie über die Brücke (ein Symbol der Therapeutin) gegangen ist und sich aktiv der Realität zugewandt hat. Er sucht selbständig die Konfrontation mit der Realität und wirkt damit den Spaltungs- und Projektionsvorgängen seines Ich entgegen. Indem seine Wahrnehmung immer realistischer wird, stärkt er sein Selbst und sein Ich. Der Circulus vitiosus von Angst und Aggression ist zugunsten einer Auseinandersetzung mit den verschiedenen Aspekten der Realität gewichen. Ambivalenz kann allmählich ertragen werden.

Für mich war dies ein ergreifender Moment, denn erst in diesem Moment wußte ich, daß er mich als Brücke zur Realität genutzt hat. Der Therapeut ist kein Ersatzobjekt, das vergangene Traumata wiedergutmachen kann, die haltenden Aspekte der Beziehung können aber zur Antizipation positiver Erfahrungen, zu positiven Erwartungen an die Realität führen, und die Deutung der Abwehr geben die Chance zur Entwicklung reiferer Bewältigungsstrategien.

Vergleichen wir die Lerntheorie mit der Psychoanalyse, so können wir erkennen, daß die Stärkung des Ich, das Unterstützen von adäquateren Bewältigungsformen in beiden Verfahren eine zentrale Rolle spielt. Ich sagte Herrn G. klar, daß ich mich freue, daß er Bilder malt, statt sie sich in den Körper zu brennen. Die Vermeidung einer aggressiven Situation wurde als Ich-Leistung anerkannt. Dies kann man als Verstärkung kleinster Schritte und als Aufbau von Verhaltensalternativen interpretieren. Der wesentliche Unterschied beider Verfahren liegt in der unmittelbaren Arbeit an den Affekten, die sich in der Beziehung herstellen.

Der Pädagoge/Therapeut ist in der Psychoanalyse in seiner Fähigkeit zur Selbstreflexion gefordert. Die Theorie der Psychoanalyse ermöglicht eine differenzierte Erkenntnis über die Art der Abwehr und gibt so zusammen mit der Selbstreflexion genauere Anhaltspunkte, was ich dem Ich und dem Selbst an Deutung zumuten kann. Die Aktivität und Kontrolle über die Situation wird in der Psychoanalyse dem Kind und dem Erwachsenen überlassen. Funktionsdefizite werden aus eigener Kraft nachentwickelt. Die Versprachlichung fördert die Differenzierung der Affekte und der Wahrnehmung. Beachtet die kognitive Verhaltenstherapie, daß zuerst Verhaltensalternativen aufgebaut werden müssen, bevor die Aggression abgebaut werden kann, läuft sie nicht Gefahr, die Abwehr zu zerstören bevor der Patient reifere Bewältigungsstrategien entwickelt hat. In der Berücksichtigung kognitiver Prozesse haben sich beide Verfahren bei aller Differenz angenähert. Indem aber nur die Psychoanalyse die Entstehungsgeschichte der Aggression in der Therapie verarbeitet und die Aktivität weitgehend dem Patienten überläßt, d.h. zum Beispiel die Entscheidung, wann er welches Thema bereit und fähig ist zu be- und verarbeiten, halte ich die Psychoanalyse für das Verfahren, das Veränderungen in der Struktur der Persönlichkeit bewirkt und diese gleichzeitig auch reflektieren kann, weil sie das Innere des Menschen versteht und nicht nur sein äußeres Verhalten beobachtet.

Anti-Aggressivitäts-Training

Gerade im Zusammenhang mit verhaltenstherapeutischen Maßnahmen werden verschiedene ergänzende Maßnahmen empfohlen: Autogenes Training, Entspannungstechniken, fernöstliche Konzentrations- und Bewegungskünste, Musik- und Bewegungstherapie, heilpädagogisches Reiten oder auch interaktives Boxen, das Aggression nach außen lenkt und durch Regeln ritualisiert.

All diese Verfahren sollen mit Aggression oder Autoaggression unvereinbares (inkompatibles) Verhalten verstärken sowie ein neues Körper- und Selbstbild aufbauen helfen.

Für die Arbeit mit extrem aggressiven Gewalttätern ist in der BRD das Anti-Aggressivitäts-Training (AAT) bekannt geworden, welches im Strafvollzug der USA entwickelt wurde. Es basiert auf den Grundlagen der kognitiven Lerntheorie, bezieht aber auch andere Elemente, zum Beispiel aus der Gestalttherapie, ein. Ich möchte es von daher gesondert behandeln.

Im AAT (Weidner 1995) wird versucht, sich auf das Delikt zu konzentrieren. Warum ein Gewalttäter so geworden ist, interessiert den Trainer nicht. Durch konfrontative Maßnahmen wird versucht:

- die Opferperspektive »einzumassieren« und Betroffenheit zu erzeugen,
- die Schwachstellen der Persönlichkeit zu provozieren, um die Auslöser für Aggression zu erkennen und Handlungsalternativen aufzubauen,
- Schuld- und Schamgefühle zu wecken, um die Übernahme von Verantwortung für die Taten zu bewirken.

Die Konfrontation mit der Opferperspektive erfolgt indirekt, symbolisch oder direkt. Bei der indirekten Konfrontation wird das Opfer interviewt und die Tonbandaufzeichnung des Interviews mit dessen Genehmigung dem Täter vorgespielt. Eine symbolische Konfrontation ist das Zeigen von Filmen aus der Opferperspektive. Parallelen zum eigenen Fall werden diskutiert. Nur auf Wunsch des Opfers wird eine direkte Konfrontation zwischen Opfer und Täter herbeigeführt, weil dies eine unzumutbare Belastung für das Opfer sein kann. Der Täter soll durch die Kommunikation mit dem Opfer Einfühlung und Mitgefühl erleben statt Verharmlosung, Haß und Härte.

Bei der Konfrontation mit den eigenen Schwachstellen der Persönlichkeit soll der Täter lernen, Provokationen besser auszuhalten. Das Selbstbild wird gestärkt, weil er lernt, die kränkbaren Persönlichkeitsanteile zu respektieren. Das frühzeitige Erkennen von Auslösern für Aggression ermöglicht Handlungsalternativen wie Rückzug oder andere Reaktionen. Der vermeintliche Vorteil der Aggressivität wird kritisch hinterfragt. Die Strukturen der Subkultur werden analysiert.

Schuld- und Schamgefühle sollen durch die Konfrontation mit den sogenannten Neutralisierungstechniken geweckt werden. Neutralisierungstechniken führen (analog zu den Abwehrmechanismen der Psychoanalyse) zu einer verzerrten Wahrnehmung der Realität (Legendenbildung):

> Ein Täter rechtfertigt seinen Raubüberfall, bei dem er einem behinderten Mann die Geldbörse wegnahm, damit, daß dieser ihm ja die Geldbörse gab, um ihm beim Bezahlen zu helfen. Das sei eine Einladung zum Raub gewesen. Andere Äußerungen sind: Das war doch halb so wild, der hat als erster angegriffen, es ist dumm gelaufen, der hat halt Pech gehabt oder ist selbst Schuld (Weidner 1995).

Wie sieht nun eine solche Konfrontation aus? Während der Konfrontation sitzt der Täter auf dem sogenannten »heißen Stuhl«, um ihn herum sind der Trainer und die Gruppe der Antagonisten (Widersacher, z.B. Ex-Gewalttäter, Pazifisten etc.). Ein Beispiel zur Konfrontation mit der Opferperspektive:

Anwesend sind Opfer, z.B. türkische Staatsbürger. Der Jugendliche sitzt auf dem »heißen Stuhl«, der Trainer gibt ihm ein Feuerzeug und provoziert ihn: »Los fackel ihn ab, du redest doch immer davon!«

Der Versuch einer Desensibilisierung gegen Provokationen ist folgendes Beispiel:

»Warum hast du auf den Farbigen eingeschlagen?« Antwort: »Weil das kein Deutscher ist.« Zwischenrufe aus der Gruppe: »Befriedigt dich das, Ausländer zusammenzuschlagen? Bist du so ein Perverser? Kannste deine Verklemmungen nicht anders ausleben?« »Red nicht so mit mir, sonst mach ich dich platt!« Der Therapeut: »Kannst du nur drohen? Bist du so'ne Nazi-Primitivausgabe? (Lauter) Merk dir Klein-Adolf, damit kommst du hier nicht durch ...« (Weidner 1995).

Die Übertreibungen sind aus Sicht des AATs notwendig, weil die Täter Schuldgefühle neutralisieren und das Realitätsprinzip überdeutlich »einmassiert« werden muß. Sie lernen in der Gruppe, auf Provokationen verbal zu antworten. Die Provokation wird beendet, bevor der Provozierte auf dem Stuhl »explodiert«.

Programme in den USA haben die Provokationen nach Intensität gestaffelt. Bei Stufe 1 wird der Täter durch eine freundliche Geste auf sein Fehlverhalten aufmerksam gemacht. Reagiert er nicht, folgt Stufe 2. Bei Stufe 5 ruft der Trainer nach Unterstützung. Bei der Unterstützung wandelt sich die Zweierinteraktion in eine Gruppenauseinandersetzung. Es bildet sich eine Menschentraube, die durch körperliche Präsenz und verbale Unterstützung dem Konfrontierendem, Solidarität demonstriert und massiven Gruppendruck auf den Täter ausübt. Der Gruppendruck wird durch Modellernen verfeinert (die Rolle der Antagonisten). Bei Stufe 6 folgt die sogenannte Aufmerksamkeitsberührung. Der konfrontierende Mitarbeiter faßt den Täter an die Schulter oder in den Nacken, um ihm die Ernsthaftigkeit der Situation zu verdeutlichen. Stufe 6 ist die letzte Möglichkeit, die Situation ohne Statusverlust zu verlassen. Lenkt der Täter nicht ein, wird er mit physischer Gewalt festgehalten, oder es wird ihm durch das Schließen der Menschentraube die Bewegungsfreiheit genommen, bis sich der Betroffene unter Kontrolle hat.

Das AAT dauert sechs Monate mit etwa 6 bis 8 freiwilligen Teilnehmern. Das Programm ist deliktspezifisch, antagonistisch, d.h. es arbeitet mit sogenannten Widersachern, wie Ex-Gewalttäter, Pazifisten, Kampfsportler u.a., und extramural. Als extramural werden mauerübergreifende Aktivitäten bezeichnet, zum Beispiel der Besuch einer Disco, um die Reizschwellen der Teilnehmer auszuloten. Das Außentraining soll die Wiedereingliederung in die Normalität erleichtern. Prosoziales Verhalten wird mit Wochenend- und Urlaubsausgängen belohnt. Sport- und Freizeitangebote (Musikband, Radfahren etc.) sind im Programm integriert. Es bietet prosozial Handelnde (die Antagonisten) als Modelle an. Die Rückfallquote ist bei dieser Therapie mit 40 bis 46 % sehr gering.

Das Training beginnt mit den Gewaltschilderungen aus der Praxis der Teilnehmer und der Analyse der provozierenden Situationen. Im zweiten bis vierten Monat ist die eigentliche Konfrontationsphase: Die Gewaltrechtfertigungen, die Täter-Opfer-Kommunikation, der fiktive Opferbrief, Opferfilme, das Leid und die Folgen für die Opfer, der Schläger und seine Kränkbarkeit, das aktuelle Verhalten im Vollzug sind Themen der Konfrontation. Begleitend finden Diskussionen mit Pazifisten, Gewaltexperten usw. statt. Im fünften und sechsten Monat ist die Gewaltverringerungsphase. Die Lebensphilosophie wird hinterfragt. Schwächere Gewalttäter sollen aktiv unterstützt werden, die Eltern, Freunde und Freundinnen sollen aktiv über die Tatschuld und die Einstellungsveränderung aufgeklärt werden. In der Nachbetreuung können die ehemaligen Teilnehmer als Tutoren weiter mitarbeiten.

Betrachten wir das AAT aus Sicht der Lerntheorie, so wird zu fragen sein, ob die massive Bedrohung in der Konfrontation nicht wiederum aggressives Verhalten modelliert, vergleichbar dem Problem der Bestrafung. Der Therapeut ist ja immer das attraktivste Modell, auch wenn alternative Modelle anwesend sind. Aus Sicht der Psychoanalyse müßte gefragt werden, ob die Konfrontation nicht zu einer Retraumatisierung führen kann, wenn der Täter sich als ohnmächtig erlebt. Vielleicht ist das wirkungsvollste am AAT, daß die vielen Freizeitaktivitäten und Gruppendiskussionen ohne Konfrontation zu neuen Beziehungserfahrungen und kognitiven Einsichten führen. Dann ließe sich zusammenfassen:

Der wesentlichste Beitrag zum Abbau von Aggression ist das Erleben und Lernen von Verhaltensalternativen. Diese entwickeln sich nicht über biologische Reifeprozesse oder durch bloße Übungen, sondern nur in sinnvollen, menschlichen Interaktionen.

10 Den Teufelskreis überwinden

Das vorliegende Buch versucht, die vielen Fragen, die eine so komplizierte Verhaltensweise wie aggressives Verhalten in all seinen Ausprägungen aufwirft, anzuschneiden und Aggression auch aus der Sicht der Betroffenen zu schildern, um ein emotionales und kognitives Verständnis für die tiefe Not, die hinter dem Verhalten liegt, zu bewirken. Es gibt eine Fülle von wirkungsvollen Konzepten, aggressives Verhalten zu reduzieren und prosoziales Verhalten zu fördern. Dabei muß natürlich der gesellschaftliche und institutionelle Rahmen der unmittelbaren therapeutischen und pädagogischen Arbeit mitreflektiert werden. Wenn Weidner (1995, S. 127) feststellt, daß von 500 jungen Männern in der Justizvollzugsanstalt nur ein Fünftel die Möglichkeit zum attraktiven Freistundenbesuch im Innenbereich der Anstalt (Cafeteria, Kiosk) nutzt, während vier Fünftel aus Desinteresse und Angst vor Mitgefangenen in der Zelle bleiben, so entspricht dies dem Circulus vitiosus von Angst und Gewalt. In der Sonderschule, an der ich unterrichtete, wurden die Toiletten, da sie immer wieder von den Jugendlichen zerstört wurden, nur zu bestimmten Zeiten geöffnet, und die Schüler durften sie nur einzeln betreten.

Angst und Ohnmacht führt zu Aggression bei den Jugendlichen, diese Aggression löst Angst und Ohnmacht bei den Mitarbeitern aus, deren Gefühle dann durch Kontroll- und Machtstrukturen in der Einrichtung abgewehrt werden. Diese wiederum erhöhen die Ohnmachtsgefühle und Aggressionen der Jugendlichen. Der Kreislauf geht weiter. Zur Bewältigung von Aggression gilt es nicht nur die Beziehungen, sondern auch die institutionellen und gesellschaftlichen Rahmenbedingungen zu reflektieren. Aggression muß nicht verteufelt werden, aber wir müssen lernen, mit Aggression umzugehen und keine Aggressionstabus aufzurichten (Battegay 1979).

Literatur

Abel G et al (1984) The treatment of child molestors. New York
Bach H (1984) Verhaltensauffälligkeiten in der Schule. Hase und Köhler, Mainz
Bandura A (1979) Aggression: eine sozial-lerntheoretische Analyse. Klett-Cotta, Stuttgart
Bandura A, Ross D, Ross S (1961) Transmission of aggression through imitation of aggressive models. J Abnormal and Social Psychology 63:575–582
Bange D (1993) Sexueller Mißbrauch an Mädchen und Jungen – Hintergründe und Motive der Täter. Psychosozial 16 (2):49–65
Battegay R (1979) Aggression ein Mittel der Kommunikation? Huber, Bern
Battegay R (1988) Autodestruktion. Huber, Bern
Becker S, Stillke C (1987) Von der Bosheit der Frau. In: Brede C et al (Hrsg) Befreiung zum Widerstand. Aufsätze zu Feminismus, Psychoanalyse und Politik. Fischer, Frankfurt/M
Bergmann MV (1990) Die Dynamik von Trauma und Aggression in der Therapie von schweren psychischen Störungen. In: Buchheim P, Seifert T (Hrsg) Zur Psychodynamik und Psychotherapie von Aggression und Destruktion. Springer, Berlin, Heidelberg
Berkowitz L (1962) Aggression: A social psychological analysis. McGraw-Hill, New York
Briones R (1990) Legends of Palau, Vol I. Koror, Palau Press Agency, Palau
Buchheim P, Seifert T (Hrsg) (1990) Zur Psychodynamik und Psychotherapie von Aggression und Destruktion. Springer, Berlin, Heidelberg

Buddeberg-Fischer B (1990) Familiäre Gewalt – Interaktionsmuster zwischen Hoffnung, Ohnmacht und Wut. In: Buchheim P, Seifert T (Hrsg) Zur Psychodynamik und Psychotherapie von Aggression und Destruktion. Springer, Berlin, Heidelberg

Bundeskriminalamt (1994) Polizeiliche Kriminalstatistik Bundesrepublik Deutschland Berichtsjahr 1993. Wiesbaden

Bundesministerium des Inneren (1993) Verfassungsschutzbericht 1992. Bonn

Cameron D, Frazer E (1990) Lust am Töten. Eine feministische Analyse von Sexualmorden. Orlanda-Frauenverlag, Berlin

Chasseguet-Smirgel J (1974) Die weiblichen Schuldgefühle. In: Chassequet-Smirgel J (Hrsg) Psychoanalyse der weiblichen Sexualität. Suhrkamp, Frankfurt/M

Chodorow N (1985) Das Erbe der Mütter. Psychoanalyse und Soziologie der Geschlechter. Frauenoffensive, München

Dollard J et al (1970) Frustration und Aggression. Beltz, Weinheim

Eckhardt A (1994) Im Krieg mit dem Körper. Autoaggression als Krankheit. Rowohlt, Reinbek

Eibl-Eibesfeldt I (1970) Liebe und Hass. Zur Naturgeschichte elementarer Verhaltensweisen. Piper, München

Erdheim M (1992) Das Eigene und das Fremde. Über ethnische Identität. Psyche 46 (8):730–744

Erikson EH (1968) Kindheit und Gesellschaft. Klett, Stuttgart

Freud A (1936) Das Ich und die Abwehrmechanismen. Neuausgabe 1964. Kindler, München

Freud S (1905) Drei Abhandlungen zur Sexualtheorie. Gesammelte Werke (GW) Bd V. Frankfurt/M

Freud S (1911) Formulierungen über zwei Prinzipien des psychischen Geschehens. GW Bd VIII

Freud S (915) Triebe und Triebschicksale. GW Bd X

Freud S (1920) Jenseits des Lustprinzips. GW Bd XIII

Freud S (1923) Das Ich und das Es. GW Bd XIII

Freud S (1933) Die Weiblichkeit. GW Bd XV

Heim R (1992) Fremdenhaß und Reinheit – die Aktualität einer Illusion. Sozialpsychologische und psychoanalytische Überlegungen. Psyche 46 (8):710–729

Heinemann E (1989) Hexen und Hexenangst. Eine psychoanalytische Studie. Fischer Taschenbuch, Frankfurt

Heinemann E (1990) Mama Afrika. Das Trauma der Versklavung. Eine ethnopsychoanalytische Studie über Persönlichkeit, Magie und Heilerinnen in Jamaika. Nexus, Frankfurt

Heinemann E (1995) Die Frauen von Palau. Zur Ethnoanalyse einer mutterrechtlichen Kultur. Fischer, Frankfurt

Heinemann E, Rauchfleisch U, Grüttner T (1992) Gewalttätige Kinder. Psychoanalyse und Pädagogik in Schule, Heim und Therapie. Fischer Taschenbuch, Frankfurt

Henseler H (1984) Narzißtische Krisen. Zur Psychodynamik des Selbstmordes. Westdeutscher Verlag, Opladen

Hilke R, Kempf W (Hrsg) (1982) Aggression. Naturwissenschaftliche und kulturwissenschaftliche Perspektiven der Aggressionsforschung. Huber, Bern

Hull CL (1943) Principles of behavior. Appleton-Century, New York

Jacobson E (1973) Das Selbst und die Welt der Objekte. Suhrkamp, Frankfurt/M

Kane JF, Hettinger J (1987) Die Förderung von Menschen mit selbstverletzenden Verhaltensweisen. Geistige Behinderung 1:13–21

Kernberg OF (1978) Borderline-Störungen und pathologischer Narzißmus. Suhrkamp, Frankfurt/M

Kernberg OF (1988) Innere Welt und äußere Realität. Anwendungen der Objektbeziehungstheorie. Verlag für Internationale Psychoanalyse, München, Wien

Kernberg OF (1989) Schwere Persönlichkeitsstörungen. Theorie, Diagnose, Behandlungsstrategien. Klett-Cotta, Stuttgart

Kind J (1992) Suizidal. Die Psychoökonomie einer Suche. Vandenhoeck und Ruprecht, Göttingen

Klein M (1972) Das Seelenleben des Kleinkindes und andere Beiträge zur Psychoanalyse. Rowohlt, Reinbek

Kohut H (1973) Narzißmus. Suhrkamp, Frankfurt/M

Kohut H (1975) Die Zukunft der Psychoanalyse. Suhrkamp, Frankfurt/M

Kohut H (1981) Die Heilung des Selbst. Suhrkamp, Frankfurt/M

Kummer H (1982) Aggression bei Affen. In: Hilke R, Kempf W (Hrsg) Aggression. Naturwissenschaftliche und kulturwissenschaftliche Perspektiven der Aggressionsforschung. Huber, Bern

Leber A (1986) Psychoanalyse im pädagogischen Alltag. Vom szenischen Verstehen zum Handeln im Unterricht. Westermanns Pädagogische Beiträge 38:14–19

Leber A (1988) Zur Begründung des fördernden Dialogs in der psychoanalytischen Heilpädagogik. In: Iben G (Hrsg) Das Dialogische in der Heilpädagogik. Mathias Grünewald, Mainz

Lorenz K (1963) Das sogenannte Böse. Zur Naturgeschichte der Aggression. Borotha-Schöler, Wien

Lorenzer A (1983) Sprache, Lebenspraxis und szenisches Verstehen in der psychoanalytischen Therapie. Psyche 37 (2):97–115

Marquit C (1986) Der Täter, Persönlichkeitsstruktur und Behandlung. In: Backe L et al (Hrsg) Sexueller Mißbrauch von Kindern in Familien. Deutscher Ärzteverlag, Köln

Mentzos S (1984) Neurotische Konfliktverarbeitung. Fischer Taschenbuch, Frankfurt/M

Mentzos S (1993) Der Krieg und seine psychosozialen Funktionen. Fischer Taschenbuch, Frankfurt/M

Mertens W (1990) Psychoanalyse. Kohlhammer, Stuttgart

Milgram S (1982) Das Milgram-Experiment. Zur Gehorsamsbereitschaft gegenüber Autorität. Rowohlt, Reinbek

Ministry of National Security and Justice (1993;1994), Economic and social survey of Jamaica. Kingston

Mitscherlich M (1987) Die friedfertige Frau. Eine psychoanalytische Untersuchung zur Aggression der Geschlechter. Fischer Taschenbuch, Frankfurt/M

Nolting HP (1992) Lernfall Aggression. Rowohlt, Reinbek

Oerter R (1994) Aggression und prosoziales Verhalten im Vorschulalter. Politische Studien, Nr.337, 45 (9/10):19–34

Petermann F, Petermann U (1984) Training mit aggressiven Kindern. Urban u. Schwarzenberg, München, Wien, Baltimore

Plassmann R (1990) Selbstbeschädigung: Psychoanalyse artifizieller Krankheiten. In: Buchheim P, Seifert T (Hrsg) Zur Psychodynamik und Psychotherapie von Aggression und Destruktion. Springer, Berlin, Heidelberg

Redl F(1971) Erziehung schwieriger Kinder. Piper, München

Redl F, Wineman D (1984) Kinder, die hassen. Piper, München

Redl F (1986) Steuerung aggressiven Verhaltens beim Kinde. Piper, München

Rohde-Dachser C (1989) Unbewußte Phantasie und Mythenbildung in psychoanalytischen Theorien über die Differenz der Geschlechter. Psyche 43 (3):193–218

Rohmann U, Hartmann H (1988) Autoaggression. Grundlagen und Behandlungsmöglichkeiten. Modernes Lernen, Dortmund

Romano R, Tenenti A (1967) Die Grundlegung der modernen Welt. Spätmittelalter, Renaissance, Reformation. Fischer Taschenbuch, Frankfurt/M

Rückert S, Gehrmann W (1995) Die Keimzelle der Gewalt. Die Zeit vom 7.4.1995,17–21

Sachsse U (1994) Selbstverletzendes Verhalten. Psychodynamik – Psychotherapie. Vandenhoeck und Ruprecht, Göttingen

Selg H (Hrsg) (1971) Zur Aggression verdammt? Kohlhammer, Stuttgart

Selg H (1974) Menschliche Aggressivität. Hogrefe, Göttingen

Sherlock PM (1979) Anansi the Spider Man. Jamaican Folk Tales. Macmillan, London

Skinner BF (1938) The behavior of organisms. Appleton-Century, New York

Sprenger J, Institoris H (1983) Der Hexenhammer. dtv, München

Stoller RJ (1979) Perversion. Die erotische Form von Haß. Rowohlt, Reinbek

Streeck-Fischer A (1992) »Geil auf Gewalt«. Psychoanalytische Bemerkungen zu Adoleszenz und Rechtsextremismus. Psyche 46 (8):745–768

Thomä H (1990) Aggression und Destruktivität jenseits der Triebmythologie. In: Buchheim P, Seifert T (Hrsg) Zur Psychodynamik und Psychotherapie von Aggression und Destruktion. Springer, Berlin, Heidelberg

Thomas K (1979) Die Hexen und ihre soziale Umwelt. In: Honegger C (Hrsg) Die Hexen der Neuzeit. Studien zur Sozialgeschichte eines kulturellen Deutungsmusters. Suhrkamp, Frankfurt/M

Thorndike EL (1913) The psychology of learning. Appleton-Century, New York

Verres R, Sobez I (1980) Ärger, Aggression und soziale Kompetenz. Klett-Cotta, Stuttgart

Weidner J (1995) Anti-Aggressivitäts-Training für Gewalttäter. Forum, Bonn-Bad Godesberg

Wiesse J (Hrsg) (1994) Aggression am Ende des Jahrhunderts. Vandenhoeck und Ruprecht, Göttingen

Willems H, Würtz S, Eckert R (1993) Fremdenfeindliche Gewalt. Eine Analyse von Täterstrukturen und Eskalationsprozessen. Bundesministerium für Frauen und Jugend, Bonn

Williams LM, Finkelhor D (1990) The characteristics of incestuos fathers. In: Marshall WL et al (ed) Handbook of sexual assault. Issues, theories, and treatment of the offender. Plenum, New York

Winnicott DW (1988) Aggression. Versagen der Umwelt und antisoziale Tendenz. Klett-Cotta, Stuttgart

Wolf-Graaf A (1983) Die verborgene Geschichte der Frauenarbeit. Beltz, Weinheim, Basel

Sachverzeichnis

A

Abwehrmechanismen 27–33, 35, 36, 132, 140
Aggressionstrieb 15, 16, 26–28, 99
Alkohol 3, 10, 13, 26, 38, 58
Alpträume 10
Angst 4, 13, 19, 25, 30, 31, 49, 50, 52, 53, 60, 80, 100, 103, 106, 118, 131, 133, 136, 144
– -anfall 4
– behindert zu werden 13, 28
– der Mitarbeiter 145
– der Therapeutin 135
– des Lehrers 130
– vor Ausländern 9, 11, 12
– vor dem Vater 10
– vor Fremden 109, 112, 126
– vor Trennung der Eltern 28
Anorexie 36, 37
Ausländer 3–9, 11–14, 30–33, 48, 49, 61, 116, 134, 141
Autogenes Training 120–122, 138

B

Bergsteigen 124
Blut 10, 12, 13, 32, 40, 41, 61
Bulimie 36, 37, 54

C

Circulus vitiosus 19, 21, 29, 33, 46, 130, 143

D

Dankbarkeit 96–98, 102
Depression 39, 40, 44, 58, 100, 134
Deutung 127, 126, 128, 132, 133, 136–138

E

Elternstreitigkeiten 3, 12, 14, 28

F

Fernsehen 6, 8, 95, 96, 102
Fetischismus 50
Fixierung 122, 123
– Selbstfixierung 123

G
Gruppe 7, 100, 101, 112, 139, 140
- Ansteckung in der 25, 109
- Gruppendruck 141, 142
- Gruppentraining 122
- Gruppenverantwortung 70
- Gruppenverteidigung 100
- Gruppenzusammenhalt 11, 18
- Zugehörigkeit zur Gruppe der Männer 52, 62, 75, 80, 81, 93, 115, 116

H
Heilpädagogisches Reiten 138
Hilfs-Ich-Funktionen 130, 131
Hitler 8, 9, 30
Homosexualität
- Angst vor 11, 32, 49, 115, 116
- Angst vor Homosexuellen 81
- Toleranz gegenüber Homosexuellen 8

I
Identifikation mit dem Aggressor 30, 42, 54, 58, 61, 134
Interaktives Boxen 123, 138
Inzest 38, 43

K
Katharsis 20, 21, 25
Kindesmißhandlung 38, 39, 43, 44, 53, 54, 94

L
Lob 23, 122

M
Masochismus 50
Mord 55, 78, 79
Mordopfer 55, 79
Münchhausen-Syndrom 37, 43
Münchhausen-Stellvertreter-Syndrom 37, 43, 44
Musik- und Bewegungstherapie 138

N
Narzißtische Wut 28
Neid 14, 28, 32, 65, 70, 79, 84, 85, 89, 92
Nekrophilie 50

O
Omnipotenzvorstellung 28, 131, 132

P
Phallus 51, 61, 62, 74
Phobie 36, 37
Projektion 36, 78, 100, 101, 106, 108, 116, 125, 135–137
Projektive Identifizierung 28, 32
Prosoziales Verhalten 98, 120, 142
Psychose 36

R
Realexternalisierung 101, 102, 106, 108, 116
Riten 16, 18, 34, 36, 75, 79, 83, 88–92
Ritualisierung 17, 18

S

Sadismus 50, 51
Schamgefühle 7, 101, 139, 140
Schuldgefühle 4, 31, 46, 52, 96, 100, 101, 108, 128, 130, 135, 139, 140, 143
Schule 3, 7, 8, 34, 38, 55, 125–131
Selbstmord 6, 31, 37–39, 44–48
- -drohung 38
- -gedanken 49
- -versuch 6, 39, 42, 44, 45, 48
- -vorbeugung 40
- -wunsch 13
Sexueller Mißbrauch 53, 54, 95
Spaltung 28, 30, 101, 102, 107, 116, 125, 128, 131, 134–137

Strafe 22, 23, 25, 51, 88, 92, 117–119, 123, 125, 130, 143
Suchtprobleme 26, 37, 38, 54

T

Todestrieb 26, 28, 100
Trampolinspringen 124
Transvestismus 50, 51
Trichotillomanie 37

V

Verleugnung 28, 31, 134
Verstehen 126, 132

W

Wendung gegen das Selbst 32, 40, 42, 46, 55, 58
Wiedergutmachung 35, 88, 92, 96, 126, 128, 130

Z

Zwang 29, 34–36

GPSR Compliance
The European Union's (EU) General Product Safety Regulation (GPSR) is a set of rules that requires consumer products to be safe and our obligations to ensure this.

If you have any concerns about our products, you can contact us on

ProductSafety@springernature.com

In case Publisher is established outside the EU, the EU authorized representative is:

Springer Nature Customer Service Center GmbH
Europaplatz 3
69115 Heidelberg, Germany

www.ingramcontent.com/pod-product-compliance
Lightning Source LLC
LaVergne TN
LVHW040740250326
834688LV00031B/372